L'ALLIANCE DU BRÉSIL

ET DES

RÉPUBLIQUES DE LA PLATA

CONTRE LE

GOUVERNEMENT DU PARAGUAY

PAR

JOHN LE LONG

Délégué de la population française de la Plata depuis 1840 jusqu'en 1852,
Ancien consul général de la République Orientale de l'Uruguay,
Membre et correspondant de plusieurs sociétés savantes,
Voyageur dans l'Amérique du Sud.

PARIS

CHEZ E. DENTU, LIBRAIRE-ÉDITEUR

Palais-Royal, galerie d'Orléans, 17-19

1866

L'ALLIANCE DU BRÉSIL

ET DES

RÉPUBLIQUES DE LA PLATA

CONTRE LE

GOUVERNEMENT DU PARAGUAY

I

Situation respective des alliés avant le traité. -- Etat du Paraguay sous la dictature du président Lopez.

On a souvent reproché à une certaine partie de la presse française de passer à côté de la vérité dans des questions qui, tout en étant d'un ordre politique secondaire, se lient, cependant, d'une façon intime à nos plus chers intérêts commerciaux.

Comme il n'entre pas dans ma pensée de me livrer ici à un réquisitoire, je garderai le silence sur de trop nombreux exemples de la vérité de cette assertion. Mais, si je me tais sur des faits accomplis qui ont eu des conséquences désastreuses pour notre industrie ; si je consens à les considérer comme résultant de ce trompeur mirage que les mots sonores et pompeux font naître dans des esprits impressionnables et mal informés, je ne puis laisser sans réponse et sans protestation tout ce qu'ont avoué les organes de la presse, dite d'opposition progressive, sur les affaires actuelles de la Plata.

A ceux qui, ne me connaissant pas, demanderaient quelle peut être mon autorité dans cette question, je répondrai simplement que, depuis 25 ans, je suis d'un œil attentif tout ce qui a été fait, tenté ou dit pour amener la prédominance commerciale de notre pays dans cette partie de l'Amérique du sud.

En un temps déjà bien loin de nous, nommé délégué des résidents français à Montevideo, j'ai lutté avec toute l'énergie dont j'étais capable contre la triste politique d'abstention que nous nous laissâmes imposer dans ces contrées ; et, n'ayant pu triompher de l'inertie qu'on se plaisait à ériger en système, je travaillai, depuis lors, à diminuer les bénéfices que l'Angleterre recueillait forcément par suite de notre abstention.

Mon retour en France ne date que de quelques jours.

Je viens de passer encore neuf années consécutives à Montevideo ou à Buenos-Ayres; je n'apporte avec moi que le souvenir de faits contrôlés *de visu;* je ne suis dirigé par d'autre sentiment que l'amour de la vérité; et, je l'avoue, j'ai été pris d'une sorte de stupeur, en voyant l'échafaudage d'assertions fantaisistes sorties du cerveau de ceux qui prétendent tenir en main le drapeau du progrès. Je dis assertions fantaisistes pour ne pas mettre la véritable étiquette à l'engouement que le président Lopez inspire à quelques-uns, et aux vertueuses fureurs qu'excite en eux l'alliance de deux gouvernements républicains avec l'empereur du Brésil.

Cette situation, prise pour point de départ de la campagne faite contre les alliés par une certaine partie de la presse parisienne, n'a pas même été habilement exploitée, et ce serait certainement le cas pour le président Lopez de dire à ses nouveaux amis : « Messieurs, de grâce, un » peu moins de zèle ! »

Quelles vertus n'ont-ils pas en effet célébrées et encensées dans ce président-maréchal, en qui se sont unies, si on les en croit, toutes les vertus civiques et les plus remarquables qualités gouvernementales Et comme ils s'indignent à l'idée que deux États républicains aient pu s'allier à un empereur pour écraser méchamment et sans motifs une république voisine ! N'est-il pas affreux, vous disent-ils, que ce digne M. Lopez, dont le noble père et prédécesseur a aboli la servitude dans le Paraguay, se voie traîtreusement attaqué par des voisins assez oublieux de leur dignité républicaine pour faire cause commune avec un empereur esclavagiste ! Et comme la liberté humaine est un magnifique thème à développer, ils ne tarissent pas sur cette antithèse, et ils concluent tout naturellement que c'est un devoir pour les vrais amis de l'humanité de crier anathème aux alliés et de leur souhaiter toute sorte de malheurs.

Messieurs les panégyristes, tout cela n'est véritablement que bouffon.

L'empereur du Brésil, le monarque le plus constitutionnel que puissent rêver les partisans du régime représentatif, n'est pas un esclavagiste, et lorsque vous l'accusez de maintenir la servitude, vous le calomniez ou vous ignorez des faits que vous devriez connaître.

Le Brésil possédait, en 1860, une population noire esclave de plus de 2 millions d'âmes. L'affranchir d'un coup, c'était anéantir l'industrie, écraser les finances sous le poids des charges de la protection forcée qu'il fallait prêter aux affranchis, c'était enfin se livrer aux dangers de luttes et de désordres pouvant amener la disparition de l'élément européen dans plusieurs contrées du Brésil.

Qu'on ne nous dise pas que le Brésil pouvait agir comme les Etats-Unis. La puissante race saxonne qui domine dans les Etats du Nord a des ressources de tout genre qui lui ont permis cette grande mesure d'équité ; les sudistes, séparés du Nord, n'eussent pu affranchir leurs esclaves, alors même qu'ils l'eussent voulu.

C'est par le fait d'une industrie encore trop peu déve

loppée malgré ses récents progrès, par la rareté des centres habités, et par la dispersion à l'infini d'une population européenne encore minime sur un territoire immense, que l'affranchissement des nègres n'a pu être instantanément réalisé par le gouvernement impérial. Mais n'a-t-on rien fait pour modifier l'esclavage, et même pour amener la fin de la servitude?

Citons un exemple récent.

Dans le cours de la dernière session législative (1865), trois projets en vue de cette importante réforme n'ont-ils pas été déposés à la Chambre des députés, sur l'initiative de quelques-uns de ses membres?

Le projet qui paraissait devoir réunir le plus de suffrages et qui sera peut-être discuté dans le courant de la législature qui vient de s'ouvrir, est celui d'après lequel les enfants d'esclaves, nés ou à naître, seraient déclarés libres. On ouvrirait, en ce cas, des asiles et des écoles où on les préparerait à *remplir le métier d'homme*, suivant l'énergique expression de Charron, et si les pères, protégés par des lois philanthropiques, demeuraient esclaves, les enfants du moins seraient appelés à jouir d'une liberté dont ils pourraient se montrer dignes.

Les amis louangeurs du président Lopez II veulent-ils que nous leur disions maintenant de quelle façon l'esclavage a été détruit au Paraguay? Nous ne leur dirons rien que nous ne puissions prouver, ce qui n'est pas, tant s'en faut, dans leurs habitudes.

Le Paraguay, comme la plupart des colonies d'origine
espagnole, n'a jamais eu qu'un nombre excessivement
restreint d'esclaves. On en comptait peut-être 25,000 en
1843, c'est-à-dire alors que furent prises les premières
mesures d'affranchissement. La libération générale et
immédiate n'eût donc présenté aucun danger, et le président Lopez Ier aurait pu certainement la décréter, sans
que la machine gouvernementale courût le moindre
risque. Mais cet enthousiasme humanitaire, que lui prétent
certains journalistes parisiens, ne l'aveuglait pas assez
pour sacrifier des intérêts matériels, cependant très-
limités, à une question de principes. Il affranchit purement et simplement les enfants des esclaves, et les parents
sont restés bel et bien sous le régime du bâton, n'en
déplaise à tous les faiseurs de panégyriques. Ce régime, du
reste, n'est pas spécialement réservé aux noirs, il
s'applique à tous; et si M. Lopez II, grâce à ses amitiés
parisiennes, se trouve imbu d'une certaine somme d'idées
démocratiques, il faut croire qu'entiché de tout ce qui
tient à l'égalité, il a voulu que les blancs, comme les noirs,
pussent être fouettés à merci.

Il n'y a là ni exagération ni hyperbole ; depuis qu'il a
été séparé de la mère-patrie, le Paraguay, tout en ayant
une enseigne républicaine, n'a été de fait qu'un foyer de
despotisme bien autrement vivace qu'au temps passé.
Francia, l'émancipateur, homme d'une valeur incontes-
table, en vertu du droit de vie et de mort qu'il s'arrogea,
traita ses concitoyens libres comme les nègres, et, après
lui, la dynastie des Lopez s'est livrée à toutes ces excen-
tricités autoritaires qui passent par le cerveau des poten-
tats de l'Orient. Les faits à donner en preuves sont si

nombreux, si parfaitement connus du reste de tous les hommes initiés à l'histoire de ce régime dictatorial, qu'il serait banal d'insister sur ce point. Disons seulement qu'au Paraguay la liberté individuelle n'est pas mieux garantie que le droit de propriété. Personne ne peut changer de département sans une permission spéciale du chef de l'Etat ; la dîme, qui n'a pas cessé d'être perçue, peut s'élever jusqu'à la totalité des revenus, et les redevances de toute nature, comme les corvées personnelles, rappellent au Paraguay les plus beaux temps de la féodalité. Voici comment M. le docteur Martin de Moussy apprécie, dans son remarquable ouvrage sur la Confédération argentine, la situation intérieure de ce malheureux pays : « Car il ne faut pas se le dissimuler, le Paraguay, » aujourd'hui, n'est qu'une *immense communauté*, une » vaste mission dont M. Lopez et ses enfants sont les » *majordomes*, à la différence que *les sociétaires ne sont* » *ni nourris, ni vêtus, et n'ont surtout aucune part* » *dans les bénéfices généraux* » (1).

Et maintenant, je le demande, lorsque l'on compare ce régime à l'organisation ultra-libérale du Brésil ; lorsqu'on voit le Paraguay, encore rivé à la chaîne féodale, subir les fantaisies et les caprices d'une famille qui semble avoir pris pour devise : *l'Etat, c'est nous!* n'y a-t-il pas à rire des anathèmes lancés contre les Orientaux et Argentins par les amis du trop vertueux M. Lopez !... Mais non ! ce n'est pas à rire ; c'est à s'indigner, et à leur dire qu'à outrager

---

(1) *Description géographique et statistique de la Confédération argentine*, tome IIIᵉ, page 700.

ainsi la vérité, il n'y a qu'un gain bien assuré : la **honte**
ou le ridicule!

Sans renier leurs constitutions si franchement libérales,
sans trahir la cause des peuples, les deux républiques **de**
la Plata pouvaient donc s'allier à l'empereur si éminem-
ment constitutionnel don Pedro II.

Cet excellent prince, le plus irresponsable des souverains, se contente de se faire adorer des Brésiliens, et il
n'a pas cru qu'il dût gager en Europe des adulateurs pour
célébrer ses vertus. Nous l'en félicitons sincèrement :
quelque méconnue qu'ait été une vérité, elle finit toujours
par trouver une voix loyale qui la proclame si haut et si
ferme que les claqueurs embrigadés du mensonge se
taisent interdits et confus.

Mais, a-t-on dit et répétera-t-on encore, pourquoi les
républiques du Rio de la Plata se sont-elles liguées, avec
le Brésil ou tout autre, contre le Paraguay, qui n'avait
donné ni aux uns ni aux autres aucun motif de mécontentement ?

Cette assertion tendant à jeter de l'odieux sur la cause
des alliés, est une tactique qui, franchement, ne témoigne
pas d'une grande souplesse d'esprit. La moindre investi-
gation, la plus sommaire correspondance anglaise ou
française, venant réellement du Brésil ou de la Plata,
devait suffire pour en démontrer l'inexactitude. L'affirma-
tion néanmoins s'est si souvent produite qu'il importe de
la réduire pour toujours à néant.

II

Origine de la triple alliance. — Causes du conflit.

Il n'est malheureusement pas rare de rencontrer, dans la presse, des polémistes improvisés et imprudents qui ont l'habitude de traiter, sans les avoir étudiées, les questions les plus graves et les plus ardues. Aussi les bévues qui ont été commises, en pareille occurrence, ne se comptent-elles plus. Pour n'en citer qu'un exemple, nous ne rappellerons que le désarroi dans lequel furent jetés les politiques *à la ligne* par la question des Duchés, source actuelle de tant d'inquiétudes. Chacun voulut dire son petit mot. Mais la question en soulevait une foule d'autres tenant à l'histoire, à l'ethnographie, au droit des gens, aux principes constitutionnels d'après lesquels se régissent les peuples libres ; ce fut un cahos, une confusion, une Babel, devant lesquels ne tint pas la gravité des hommes du

Nord. Danois et Allemands partirent d'un immense éclat de rire, et n'eût été ce terrible M. de Bismark, ils se seraient peut-être entendus.

Quand est venue la nouvelle de l'alliance du Brésil avec les républiques de la Plata, nos politiques improvisés se sont encore trouvés au dépourvu. Qu'est-ce que cela veut dire? se sont-ils écriés. Des républicains s'allient à un empereur contre des voisins républicains!... Et comme M. Lopez leur a, sans doute, fait tenir sa carte de visite, — nous soutiendrons ce galant homme, ont-ils pensé; — et voilà comment ils se sont mis à faire feu de tous leurs alinéas.

La question de la *triple alliance* n'est certainement pas aussi compliquée que celle des Duchés, mais elle a des antécédents qu'il faut connaître, sous peine de se perdre dans un verbiage sans portée.

Nous allons essayer de faire luire la lumière ; et nous affirmons, de toute l'énergie de notre conscience, que tout ce que nous avancerons sur ce point est la vérité, la vérité vraie !

Pour si peu que soit connue l'histoire politique des républiques sud-américaines, qui ne se souvient au moins de ce mémorable siége de neuf ans, soutenu par Montevideo contre l'abominable dictateur Rosas?

Chacun sait aussi que Garibaldi mit au service de la cause montévidéenne cette fougue chevaleresque qui l'a fait le premier soldat de l'Italie ; et l'on peut dire, sans exagération, que le parti du côté duquel se range toujours cet homme extraordinaire n'est bien certainement pas celui du parti rétrograde.

Les défenseurs de Montevideo étaient, en effet, les représentants de la civilisation européenne dans le Rio de la Plata. D'où qu'ils vinssent ou sur quelle partie du territoire confédéré ou oriental qu'ils fussent nés, ils refusaient de se courber sous l'écrasant despotisme de ce Rosas, que ses vices, son ignorance, sa haine des Européens avaient popularisé parmi les trop crédules habitants des campagnes. Nous ne dirons rien des excès que ce tyran put commettre à la face du monde civilisé. Après qu'une révolution l'eut jeté loin des siens, il nous a, du moins, évité la honte de lui laisser un asile parmi nous ; il se souvint des complaisances de l'Angleterre, et il alla, suivant l'expression de lord John Russell, lui infliger le supplice de sa présence.

Les deux partis qui se sont si nettement mis en relief lors du siége de Montevideo, existent toujours. *Le parti de la défense,* qu'on nomme encore *colorado,* qui veut le progrès et appelle hommes et choses d'Europe ; le parti rétrograde ou *blanco,* qui, tout en blâmant officiellement certains actes de la vie de Rosas, après avoir longtemps accepté son appui, l'imite encore, aussitôt que l'occasion lui en est donnée.

Or, comme cela arrive dans toutes les luttes intestines dont le théâtre est un petit Etat, chaque parti, pour mieux assurer sa domination, a été amené à se créer des appuis au dehors, tant auprès des voisins qu'auprès des nations européennes.

Les hommes de la défense de Montevideo ont souvent trouvé un auxiliaire dans le gouvernement du Brésil, et ils inclinent sensiblement vers la France.

Le parti *blanco* devait tout naturellement tendre la main au président Lopez, et cimenter avec lui une amitié fondée sur une communauté de principes gouvernementaux.

Mais ne procédons pas par inductions, et entrons dans le récit de faits sur lesquels les amis de M. Lopez ont jugé que le silence était chose prudente.

Vers la fin de 1857, le parti *blanco* dominait à Montevideo, et au moment des élections, les colorados s'agitèrent naturellement beaucoup pour faire triompher des représentants et un président de leur choix. Malheureusement tous leurs efforts furent paralysés par les mesures les plus arbitraires. Tout colorado annonçant sa candidature fut exilé, et le général César Diaz, que ses amis voulaient porter à la présidence, se vit obligé de chercher un refuge à la légation d'Espagne. La plupart des *partisans de la défense* (*colorados*) durent se cacher ou s'exiler, et le parti blanco s'assura du scrutin, en faisant les élections le pistolet au poing. Mais alors que le président Pereira, porté au pouvoir par des chambres réactionnaires, entrait en fonctions, la situation s'était tellement tendue qu'il en résulta une lutte à main armée.

Les colorados s'étaient lassés de courber la tête sous les mesures draconiennes de leurs adversaires, et, mettant César Diaz à leur tête, ils entrèrent en campagne. La mort sur un champ de bataille valait mille fois mieux que la soumission à un tel régime.

Nous avons dit que la plupart des chefs colorados étaient en exil ou emprisonnés, la terreur paralysait d'un autre côté les moins audacieux ; César Diaz fut mal soutenu, et après une lutte de deux mois, il en vint à une capitulation pour lui et pour les siens.

A peine ces infortunés se furent-ils rendus, qu'à la honte éternelle du parti *blanc*, général et officiers furent fusillés !!... Quant aux simples soldats, on ne songea d'abord qu'à les décimer, mais il se trouva, dans un conseil tenu à Montevideo, quelques tigres à face humaine à qui la mesure ne parut pas suffisante, et on en fusilla un sur cinq !!!... Ceux qui furent retenus prisonniers jalonnèrent de leurs cadavres la route de Quinteros à Montevideo (1er février 1858) (1).

Cette indigne violation d'une convention militaire que respectent les peuples les moins civilisés, cette atroce boucherie d'hommes désarmés qui s'en étaient remis à la loyauté du vainqueur, soulevèrent l'indignation des consuls et agents politiques résidant à Montevideo. Ils témoignèrent hautement de la réprobation que leur inspi-

---

.(1) Voir la note A à la fin de l'écrit, page 74.

rait cette politique sauvage, et, à partir de cette triste époque, on peut dire que le parti *blanco* a été perdu dans l'esprit des représentants politiques accrédités auprès de la République Orientale.

Ces mêmes faits, qui faisaient tomber dans le mépris des cabinets le gouvernement de Montevideo, poussaient également à une violente réaction intérieure. Le parti colorado s'était retrempé dans le sang des martyrs de Quinteros ; les plus tièdes rougissaient et s'indignaient à ce souvenir affreux ; le mécontentement avait gagné toutes les classes de citoyens. Quant aux résidents étrangers, commerçants, artisans, ouvriers, inutile de dire qu'ils appelaient de tous leurs vœux la fin d'un régime mettant leur vie et leurs biens à la merci d'une administration foulant sans cesse aux pieds le droit des gens.

Sous la présidence de M. Pereira et sous celle de son successeur, M. Berro, on put donc voir s'opérer la dé· composition toujours croissante du parti *blanco*. Il n'était pas un honnête homme qui ne fût las, poussé à bout, et disposé à contribuer au renversement d'un pareil état de choses.

Aussi, lorsque cessèrent les pouvoirs de M. Berro, et qu'aux termes de la constitution, le président du Sénat, M. Aguirre, eut pris l'intérim présidentiel, les esprits étaient-ils à ce point surexcités qu'un rien devait suffire à amener une de ces transformations radicales qu'on appelle révolution.

Une partie de la presse parisienne semble n'avoir rien

connu de cette situation, si l'on juge de son étonnement
en apprenant que le général Florès, ancien compagnon
d'armes de César Diaz, suivi simplement de trois adhé-
rents, avait débarqué sur le territoire oriental et signifié
un ultimatum au gouvernement de Montevideo (19 avril
1863). Le fait s'explique cependant très-bien. Florès ou
tout autre chef colorado respecté devait être accueilli à
bras ouverts ; et s'il arrivait suivi seulement de trois partisans, il était assuré qu'au premier appel il verrait une
petite armée rangée à ses côtés.

C'est ce qui eut lieu. Le ministre anglais à Buenos-
Ayres, le plénipotentiaire brésilien et le ministre des affaires étrangères de la République Argentine s'étaient
spontanément offerts pour une médiation que le gouvernement de Montevideo semblait avoir acceptée. Mais punir
les assassins de Quinteros et assurer la liberté des pro-
chaines élections était une sorte de suicide auquel les
blancos ne pouvaient volontairement se résoudre. Lopez,
du reste, promettait son appui au président intérimaire,
qui avait, pensons-nous, livré toute la pensée de son pro-
gramme politique, en prenant pour conseiller un ancien
ministre de Pereira. Les négociations furent donc rompues, et le général Florès, recommençant bravement sa
campagne, continua cette guerre de partisan qu'il devait
si heureusement terminer en 1865.

—

Le ministre du Brésil s'était efforcé, avons-nous dit,
ainsi que le ministre anglais, d'opérer un rapprochement
entre les partis prêts à en venir aux mains. Lorsque la

lutte eut commencé, voici quelle était la situation du gouvernement de S. M. I. don Pedro II vis-à-vis du pouvoir de Montevideo.

25 millions de francs étaient dus au Brésil par la République Orientale, et ses gouvernants paraissaient peu disposés à se libérer de cette dette.

Plus de cent suppliques, émanant des Brésiliens fixés sur le territoire oriental, étaient venues signaler à Rio-Janeiro des meurtres, des incendies, des vols, des exactions de toute espèce qui demandaient une réparation.

Enfin, depuis l'ouverture des hostilités entre Florès et les soldats de M. Aguirre, c'était une sorte d'habitude, un parti pris chez ceux-ci de se porter aux derniers excès contre les *estancieros* brésiliens. Cela alla si loin que bon nombre d'entre eux ne virent d'autre moyen de salut que de s'enrôler sous les drapeaux de Florès ; et une députation se rendit, d'autre part, à Rio-Janeiro pour réclamer la sérieuse intervention du gouvernement impérial.

M. Saraïva, plénipotentiaire du Brésil auprès de la République Orientale, présenta l'exposé des griefs de son gouvernement en termes aussi énergiques que convenables. On ne daigna seulement pas lui répondre. Après un ultimatum qui n'eut pas plus de succès, toutes relations furent rompues entre les deux gouvernements, et M. Saraïva quitta Montevideo (août 1864).

Jusqu'à ce moment le président du Paraguay s'est con-

tenté de recommander à ses amis de Montevideo de ne pas
faiblir, de ne faire aucune concession, de l'imiter enfin
dans cette politique violente que suivent d'instinct tous
les Lopez. Mais, à moins d'abandonner les *blancos*, il ne
lui est plus possible de reculer, et il déclare solennellement qu'il repoussera par la force tout corps d'armée
brésilien voulant pénétrer sur le territoire oriental. Sans
autre déclaration de guerre et au mépris des plus élémen-
taires prescriptions du droit des gens, il jette l'embargo
sur un vapeur brésilien qui se trouvait alors dans le
port de l'Assomption ; les passagers, qui n'avaient aucune connaissance des événements, sont dépouillés et
mis en prison, et l'insulte est d'autant plus grave, d'autant plus sanglante que, parmi ces derniers, figure le
gouverneur de la province brésilienne de Matto-Grosso.

Quelque ami de la paix que soit l'empereur don
Pedro II, il ne pouvait laisser le Brésil sous le coup des
insultes venues de Montevideo et de l'Assomption. La
guerre fut résolue, et le but poursuivi s'accuse assez
clairement d'après tout ce qui fut fait avant et après la
déclaration des hostilités.

Le cabinet de Rio-Janeiro, se prononçant nettement
pour les colorados, allait prêter un énergique concours au
général Florès pour arracher le pouvoir aux mains sanglantes du parti blanco. Il est évident que si Florès triomphait, politique et gouvernement changeaient simultanément à Montevideo ; et, comme résultat inévitable de
cette transformation, la République Orientale et le Brésil
se trouvaient naturellement unis pour punir les exactions
de Lopez.

Si les illustres politiques des journaux inféodés à Lopez ne sont pas comme ces malheureux de l'Evangile, ayant des yeux qui ne voient pas et des oreilles qui n'entendent pas, ils reconnaîtront, sans doute, qu'ils se sont étrangement fourvoyés en se faisant les avocats d'une pareille cause. Que s'ils prétendent avoir été mal renseignés et n'avoir pas connu le vrai dossier de l'affaire, nous leur répondrons que lorsqu'on prétend tenir en main le drapeau du progrès, il n'est pas permis d'invoquer l'ignorance comme circonstance atténuante d'une désertion à l'ennemi. Depuis plus de trente ans, il n'y a pas un homme véritablement instruit dans les questions de politique étrangère qui ne sache que le Paraguay, tenu sous un joug de fer par la dynastie Lopez, en est à ce point de misère, qu'on y regrette les errements et jusqu'aux abus de l'ancien régime. C'est une république, mais par l'enseigne seule ; absolument comme, par la croyance d'une masse inintelligente, les journaux déjà cités passent pour des organes de la démocratie.

Mais revenons au mois d'octobre 1864, où se sont produits les derniers faits que nous avons signalés. Le Brésil dirigea des troupes vers le territoire oriental. Les distances à franchir étaient énormes ; on ne s'attendait pas à la guerre, et rien n'était prêt pour qu'on la poussât avec vigueur ; Lopez eut quelque temps pour trancher du conquérant, se faire décerner le titre pompeux de maréchal-général, et se livrer enfin à toutes les bravacheries que ses amis ont mis tant de complaisance à enregistrer. Une partie de l'armée paraguayenne, depuis plusieurs années sur pied de guerre, envahit la province brésilienne de Matto-Grosso qu'elle mit, tout à l'aise, à feu et à sang, nulle force militaire n'étant là pour l'arrêter.

Pendant que Lopez triomphait à bon marché d'une population désarmée, ses amis de Montevideo semblaient pris de cet esprit de vertige qui s'empare des pouvoirs aux abois. Par ordre de M. Aguirre, président intérimaire, tous les traités conclus avec le Brésil furent brûlés en pleine place par la main du bourreau ; le drapeau brésilien et l'écusson du consulat furent traînés dans la boue et foulés aux pieds. Heureusement, ces saturnales étaient les dernières convulsions du parti *blanco* ; à quelques jours de là (février 1865), Florès entrait à Montevideo aux acclamations de la grande masse des habitants nationaux et étrangers.

Ainsi que nous l'avons déjà fait remarquer, les rapports officiels de la République Orientale avec le Brésil changeaient du tout au tout, et un traité allait cimenter l'alliance que des intérêts communs avaient tout naturellement amenée entre les contractants.

————

Pour terminer l'exposé de l'origine de cette alliance et des causes du conflit qui s'en est suivi, il ne nous reste plus qu'à signaler les faits qui ont amené les Argentins à prendre également les armes contre le gouvernement du Paraguay.

Le président de la République Argentine avait déclaré qu'il observerait la plus stricte neutralité ; et dans l'unique but de la faire respécter par les belligérants, il avait envoyé deux bâtiments de guerre dans le port de Corrientes. Entraîné par cette politique de casse-cou qu'il pratique constamment, le président Lopez donne l'ordre à son chef d'escadre d'entrer sans démonstrations hostiles dans le port de Corrientes, et, une fois là, de courir sus aux deux bâtiments et de s'en emparer. Cette abominable trahison, cet indigne guet-à-pens s'accomplit le 13 avril 1865; on s'était indigné à Paris de l'affaire de Sinope, on laissa passer, sans mot dire, cet attentat bien autrement révoltant. La Turquie ne s'était pas, en effet, posée en puissance neutre entre les grandes puissances occidentales et la Russie; et si cette dernière ne se montra pas chevaleresque dans cette affaire, il faut bien reconnaître que c'est à l'inepte apathie des amiraux turcs qu'il faut attribuer le désastre.

Le guet-à-pens de Corrientes est bien autrement odieux: c'est de la tactique apprise chez les sauvages; c'est la guerre de surprises et de trahisons que pratiquent les féroces Indiens; c'est la barbarie enfin égorgeant par ruse la civilisation. Qu'un tel fait et tant d'autres semblables déjà cités n'aient pas été cloués au pilori de l'histoire, c'est là une bien triste chose pour tous ceux qui tiennent une plume vouée à la défense de la vérité.

Est-il besoin d'ajouter que le gouvernement argentin, en s'alliant au général Florès et à l'empereur du Brésil contre le despote du Paraguay, ne faisait qu'entrer dans une voie où il avait été poussé malgré lui?

Si le traité de la triple alliance, signé le 1er mai 1865,

après ces explications, paraît entaché d'immoralité aux défenseurs du président Lopez ; si, reprenant l'absurde panégyrique de cet homme, ils continuent à l'affubler d'une toge républicaine, nous laisserons au bon sens public à décider quelle est la cause réelle de cette lourde fantaisie.

III

Phases et péripéties de la lutte. — Rectifications des récits fantaisistes qu'en ont donnés certains journaux.

Les faits de guerre qui ont, jusqu'à présent, signalé la lutte des alliés et du Paraguay, n'ont pas été présentés avec plus de vérité que les causes dont ils découlaient. Jamais le parti pris ne s'est plus manifestement révélé que dans les récits qui en ont été donnés. L'exaltation des amis de Lopez était telle qu'ils semblaient se croire doués de la vue à distance pour annoncer ses victoires et ses triomphes, et chacun d'eux eut pu s'écrier après ces ovations anticipées !

Lopez, cesse de vaincre ou je cesse d'écrire.

Le dernier mot de cet enthousiasme de commande a

été l'annonce de la retraite des Paraguayens, et du solide
établissement des alliés sur les deux fleuves. — Mais qu'on
ne s'y trompe pas, disait, il y a quelques jours, un des en-
thousiastes, cette retraite n'est qu'une savante combinai-
son stratégique du maréchal-président, et l'on verra ce
qu'il en coûtera à ses imprudents ennemis de s'être pris
à cette fuite simulée...

Lorsque, sans la moindre connaissance topographique
d'une contrée, des tacticiens improvisés se mettent à faire
manœuvrer deux armées, il n'y a pas d'étrangetés et de
drôleries auxquelles ils ne puissent arriver. Mais si la
masse des Prudhommes adhère à toute idée qui s'enveloppe de grands mots et d'adverbes retentissants, les
hommes de bon sens haussent les épaules, et la vérité
finit par se faire jour.

Ces réflexions nous sont inspirées par la singulière assertion que Lopez met en pratique une excellente ruse de
guerre, alors qu'il est annoncé, quatre lignes plus haut,
que les alliés sont établis sur le Rio Parana et sur le Paraguay. Je ne dirai pas qu'on soumette la question à un
de nos généraux en crédit; non : qu'on place sous les
yeux d'un simple caporal la carte du Paraguay ; qu'on lui
fasse remarquer ces deux immenses cours d'eau où do-
minent les marines alliées, et si cet homme a la moindre
intelligence, il affirmera que le président Lopez a complè-
tement perdu la partie.

Les historiographes qui battent des mains aux savantes
manœuvres du maréchal-président n'y regardent pas de
si près, et je doute que, pris à l'improviste, ils pussent

dire quelles eaux baignent les murs de l'Assomption, la
capitale du Paraguay. Excusons donc leurs bizarres con-
ceptions stratégiques, et reconnaissons que la cause de
M. Lopez eût pu avoir de plus habiles défenseurs.

Mais sortons du domaine des généralités qui n'aboutis-
sent guère qu'à de pures assertions. Abordons le récit des
faits, expliquons la contradiction offerte par le début de
la campagne et le point où elle en est maintenant; tout
cela sera d'un utile enseignement.

De 1855 à l'ouverture des hostilités, les armements n'ont
pas discontinué au Paraguay, l'armée y a toujours
été sur le pied de guerre ; et l'on s'explique difficilement
que le Brésil, voulant s'agrandir du territoire oriental,
ait été surpris par les événements sans un seul soldat sur
son extrême frontière. Certains journaux n'en sont pas
moins persuadés (voir quelques numéros des feuilles quo-
tidiennes de juin 1866) que don Pedro II méditait cette
annexion à son empire, et on se trouve ainsi dans la
nécessité de supposer que Florès et son parti, les seuls
vrais républicains, trahissent sciemment la chose publique en s'alliant au Brésil. Mais alors, toujours par voie
de déduction logique, ce sont les *blancos* qui représen-
tent la démocratie ; et les *colorados*, qui ont combattu
tant d'années pour l'indépendance, n'étaient que des mo-
narchistes déguisés; les auteurs du massacre de *Quinteros*, cette ignoble queue du despotisme de Rosas, sont
les seuls hommes dignes de gouverner !!!.... On se de-

mande ce qu'il faut avoir absorbé de nicotine pour arriver à de pareilles ineptics.

Le Brésil, nous le répétons, n'avait pas un homme là où il aurait dû avoir une armée, s'il eût été préoccupé de la moindre idée d'agrandissement.

Lopez, par contre, avait 25,000 hommes prêts à se jeter sur la province de Corrientes, et la forteresse d'Humaïta, que son père avait mis cinq ans à bâtir, et qui, à l'ouverture des hostilités, se trouvait armée de 200 canons de gros calibre, dit assez que c'était là une base stratégique dès longtemps choisie.

Il ne serait pas étonnant qu'on nous répondît que le président Lopez n'avait en vue que de protéger la République Argentine absolument comme Etat oriental ; mais le loup protége aussi le mouton contre les coups du berger, lorsqu'il le croque !!..... Ne nous arrêtons pas davantage à ces divagations; le guet-à-pens de Corrientes est un fait que tous les complaisants du monde ne pourront effacer de la biographie du président-maréchal.

Le gouvernement de Buenos-Ayres, qui avait proclamé sa neutralité, n'était pas plus en état de faire immédiatement la guerre que le Brésil. A la nouvelle de l'infâme trahison qui lui faisait perdre deux vaisseaux paisiblement ancrés au port, il ne put qu'envoyer quelques bataillons se joindre aux milices de Corrientes que commandait le gouverneur Lagrana. Quant au général Florès, les trois partisans dont nous l'avons montré suivi à son débarquement sur le territoire oriental, doivent certainement être une preuve qu'il ne pouvait sérieusement songer à rien tenter contre le Paraguay.

A moins donc de fermer les yeux à l'évidence, il faut regarder comme pure fantaisie ce prétendu concert des alliés pour la préparation d'une guerre odieuse contre la république du Paraguay. De tous les belligérants, les Paraguayens furent les seuls qui se trouvèrent l'arme au bras et la mêche allumée, lorsque les hostilités commencèrent.

Cette situation donne le mot des premiers succès des généraux de Lopez. Ne trouvant de sérieuse résistance nulle part, ils purent, à peu de frais, adresser des bulletins triomphants à l'Assomption. Mais si ces bulletins eussent été l'expression de la vérité, on n'y eût trouvé que le nombre des estancias et des villages pillés et incendiés, la quantité de caisses publiques et particulières qu'on avait vidées, et la liste des femmes soumises à la brutalité des vainqueurs. Ces hauts faits sont de ceux qui font la célébrité des coureurs de grande route.

—

C'était le général Paunero qui commandait les bataillons argentins venant en hâte au secours des milices de Corrientes. Débarquées au mois de mai à Esquina, ces forces remontèrent peu à peu le fleuve sur des bâtiments composant une division de l'escadre brésilienne, et se dirigèrent sur Corrientes. Les Paraguayens, cinq fois plus nombreux que les assaillants, ne se considérèrent pas cependant comme assez forts pour repousser l'attaque, et, après quelques heures de combat, ils évacuèrent momentanément la ville. Ils savaient que 10,000 hommes de troupes fraîches venaient à marche forcée d'Humaïta, et ils pensaient qu'avec un tel renfort ils pourraient tenter, à coup sûr, la fortune des armes.

Paunero, instruit de ce détail, ne commit pas la faute de s'enfermer dans Corrientes, il revint attendre, à Esquina, les renforts qui lui étaient promis. Le commandant Barroso, sous les ordres duquel se trouvaient les vaisseaux brésiliens, continua à intercepter la navigation du fleuve jusqu'à Corrientes.

Le 11 juin 1865, il arrivait à la hauteur de l'embouchure du Riachuelo, petite rivière qui se jette dans le Parana (à 6 kilomètres environ de Corrientes), lorsqu'il vit se déployer devant lui l'escadrille paraguayenne.

Le commandant brésilien ne se douta pas que l'ennemi mettait sa principale confiance dans de nombreuses batteries fort habilement dissimulées dans les anfractuosités de la rive gauche du Riachuelo, et il accepta bravement le combat. Le début en fut fatal aux Brésiliens, pris inopinément entre deux feux ; mais Barroso, furieux de s'être jeté dans un piége, eut une de ces inspirations que le désespoir donne aux âmes énergiques. Il montait un vapeur d'une force considérable qui n'avait reçu aucune grave avarie du feu des batteries, il ordonna de donner à toute vapeur sur l'escadrille, pénétra au milieu d'elle comme un boulet et la cribla de toutes ses batteries. La même manœuvre, plusieurs fois répétée, eut un plein succès, et les deux tiers de la flotte paraguayenne furent presque instantanément détruits.

A dater du combat du Riachuelo, les forces maritimes, du Paraguay n'ont plus été d'aucun poids dans la balance des succès et des revers : les meilleurs des bâtiments de Lopez avaient sombré sous les chocs terribles du vapeur (*Amazone*) monté par Borroso. La division de ce dernier était fort amoindrie ; mais il venait de frapper un coup décisif, et les marins brésiliens avaient pris sur ceux de Lopez un ascendant qui ne devait plus les abandonner.

—

Pendant que se passait ce beau fait d'armes maritime le général Mitre, président de la République Argentine et généralissime des armées alliées, arrivait par le fleuve Uruguay, amenant 6,000 hommes environ, composés principalement des gardes nationales de la province de Buenos-Ayres. Le général Florès, commandant 2,400 Orientaux, le rallia vers la mi-juin, et, quelques jours après, parut la tête de colonne des forces brésiliennes, qui venait de traverser à marche forcée l'immense province de Rio-Grande, effectuant ainsi une route de près de 400 lieues.

Si la jonction de ces divers contingents eût été le résultat d'un plan d'invasion et de conquête, elle soutiendrait peu l'examen de la critique, et l'on se demanderait par suite de quelle aberration les alliés avaient tenu à des distances si énormes les forces qu'ils devaient réunir en faisceau à un jour donné. Mais, nous le répétons, la guerre était sortie des plis de la toge présidentielle de M. Lopez, et c'est lui, lui seul, qui était responsable des incidents d'où était venue la triple alliance.

Le président du Paraguay s'était abandonné à une politique violente qui avait fait naître les ennemis sous ses pas; et il n'eut même pas l'habileté de profiter des avantages que lui donnaient des adversaires obligés de lui déclarer la guerre à l'improviste, et n'ayant fait aucun préparatif dans ce but.

C'était donc six mois trop tard qu'il détacha dix mille hommes de son armée pour leur faire descendre l'Uruguay, en occupant simultanément les deux rives. Au début de la campagne, cette manœuvre eut infailliblement amené les Paraguayens à occuper l'embouchure de l'arroyo Arapey, et, dans cette position, ils eussent tenu en échec toutes les forces de Florès. Le maréchal-président ne comprit les avantages de l'entreprise que lorsqu'il n'était plus temps de la tenter, et ce manque de coup d'œil lui coûta cher, ainsi que nous allons le voir.

Les divers commandants des forces maritimes brésiliennes montraient une ardeur qu'on ne saurait assez louer, et il n'était pas un point susceptible d'être surveillé ou protégé qu'ils laissassent à l'abandon. L'amiral Tamandaré se trouvait donc dans l'Uruguay, dès qu'on apprit que 3,000 Paraguayens sur la rive droite et 7,000 sur la rive gauche suivaient le cours de ce fleuve, avec ordre d'opérer leur jonction à la frontière orientale. Les deux corps d'armée paraguayens étaient naturellement en communication facile tant que l'Uruguay demeurait libre : mais qu'adviendrait-il du plus faible, si la marine des alliés venait à couper ces communications et rendait toute jonction impossible? Tout maréchal qu'il soit, Lopez n'avait pas prévu cela ; et, le 17 août 1865, les 3,000 Paraguayens descendant la rive gauche étaient écrasés par l'avant-garde des alliés sous les ordres de Florès, sans que leurs 7,000 compagnons pussent leur prêter le moindre secours. Ces derniers devaient se montrer, du reste, assez peu capables de mener à bien l'entreprise à laquelle ils demeuraient seuls à concourir.

Le général Florès ayant reçu des renforts de Concordia, base stratégique des alliés, avait passé l'Uruguay, et s'était mis à la poursuite du corps d'armée dont nous venons de parler.

Bien que composée de 7,000 hommes, cette petite armée n'offrait aucune solidité; à part quelques émigrés orientaux du parti *blanco*, il n'y avait pas un officier en état de commander vingt hommes, et plus des deux tiers des soldats se composaient d'un ramassis de malheureux, parmi lesquels il y avait beaucoup d'enfants de 12, 13 et 14 ans.

Nos 7,000 Paraguayens prirent donc grand peur en se voyant poursuivis par le général Florès, et, ne se fiant pas à leur supériorité numérique, ils se fortifièrent à Uruguayana. Ce ne fut pour eux qu'un moment de répit.

L'empereur don Pedro II, répondant au cri de l'opinion

publique au Brésil, avait réuni un corps de 7 à 8 mille hommes; et, débarqué à Rio-Grande, il s'avançait à marche forcée. Dès qu'il put appuyer les mouvements de Florès et de Mitre, arrivé aussi peu avant, on somma les Paraguayens d'avoir à mettre bas les armes.

A cette sommation, ils répondirent par un refus d'une fermeté lacédémonienne. Mais quand les batteries se furent avancées, quand le moment d'en venir aux mains fut arrivé, ils ne brûlèrent pas une seule amorce et se rendirent à discrétion (septembre 1865).

Cette reddition a figuré sous le nom de victoire dans les divers panégyriques qu'ont libellé, un mois plus tard, les amis de M. Lopez; nous ne doutons pas qu'ils ne se mordent aujourd'hui les doigts au sujet de leur malencontreux lyrisme.

Après la prise d'Uruguayana — tel est le nom de la position où les 7,000 Paraguayens capitulèrent si honteusement, — les alliés décidèrent de marcher vers le nord de la province de Corrientes. Le général Florès, par une marche hardie à travers des marais que l'ennemi regardait comme impraticables, opéra son mouvement par une ligne dont l'extrémité nord était la ville même de Corrientes.

Les forces argentines et brésiliennes, convergeant sur

là gauche pour se mettre en rapport constant avec les flottes combinées naviguant dans le Parana, se dirigèrent également sur Corrientes. Cette fois on voulait reprendre la capitale de la province et la garder en dépit de toutes les forfanteries du président-maréchal.

Mais les deux défaites qui avaient à peu près anéanti le corps des 10,000 hommes chargés de garder les rives de l'Uruguay, avaient quelque peu modéré la fougue de Lopez. Il ne voulut pas s'exposer à un troisième désastre, et il donna l'ordre à tous ses généraux de ramener leurs troupes sur le territoire paraguayen. Corrientes fut évacué, et il est inutile d'ajouter que les soldats paraguayens, suivant leurs habitudes de maraudeurs et de pillards, mirent la ville et la campagne à sac avant de se retirer. Argent, bijoux, linge, approvisionnements, bêtes de somme, troupeaux, on enleva tout. Ce qui ne pouvait être emporté ou emmené était détruit : on eût dit que quelque chef indien dirigeait ces hordes avides, indignes de prétendre au nom d'armée (octobre 1865).

Que nos lecteurs s'interrogent maintenant sur le caractère de la guerre faite dans la province de Corrientes par le président Lopez, et ils penseront avec nous que ce ne fut qu'une expédition à enregistrer dans les fastes du banditisme. Surprise et trahison au début ; pillage, exactions de toute sorte à l'égard d'habitants sans défense, tant que les alliés sont éloignés ; défaites, capitulations, fuite honteuse, dès qu'apparaissent des défenseurs en nombre, cependant, à peine suffisant pour tenir la campagne.

Retardées par la longueur et les difficultés de l'immense

territoire qu'il avait fallu parcourir, les forces alliées n'arrivèrent qu'au mois de décembre 1865 en regard du *Paso de la Patria*. — C'est le nom d'un gué où l'on traverse le Parana, pour passer de la province de Corrientes sur le territoire paraguayen.

—

Ici s'ouvrait pour les républiques de la Plata et le Brésil une nouvelle phase d'opérations.

Il n'était dans l'esprit d'aucun des alliés de procéder à la façon de Lopez, c'est-à-dire d'envahir une partie du Paraguay, d'y faire du butin, à l'aide de toute sorte de représailles, et de s'en retourner ensuite, les mains pleines et sanglantes. Loin de là, les habitants du Paraguay étaient pour eux des victimes du despotisme, plus à plaindre qu'à punir de leur obéissance aux ordres d'un maître impitoyable. C'était ce dernier, ce dernier seul dont il fallait poursuivre et opérer l'abaissement, si l'on se décidait à franchir le Parana.

Telles furent et telles sont encore les vues des alliés ; ils n'ont jamais cherché à les déguiser, et parler de leur *politique occulte*, c'est simplement s'amuser à douter de la lumière du soleil quand il fait jour. Que les amis de M. Lopez, qui, d'un bout de l'année à l'autre, rabâchent d'intervention, soient d'un tout autre avis dans les affaires du Paraguay, nous n'en sommes nullement surpris. Mais, si jamais intervention fut humaine et politique, c'est bien certainement celle-ci. Que l'on consulte tous les documents non entachés de vénalité écrits sur le Paraguay, et il n'en est pas un qui ne se résume par une violente protestation contre la politique intérieure et extérieure des Lopez ; pas un qui n'affirme que l'expulsion de cette famille ne fut un bonheur pour le Paraguay ; pas un qui ne prouve, par des masses de faits, que le régime actuel est le plus énervant et le plus abrutissant que jamais peuple ait supporté.

M. Lopez avait solennellement déclaré qu'il était *appelé par la Providence* à mettre les *blancos* à l'abri de toute intervention ; sans se prétendre investis d'aucune mission providentielle, les alliés se dirent qu'il serait bon et juste d'affranchir le Paraguay, et il fut décidé qu'on continuerait la guerre dans ce but.

Mais, pour toute opération ultérieure, le secours de l'escadre était nécessaire, et les eaux trop basses ne permettaient pas aux bâtiments d'approcher. Il fallut attendre jusqu'au mois d'avril 1866.

Dès que la marine alliée pût arriver à la hauteur du *Paso de la Patria,* les opérations commencèrent, et le bombardement du fort d'Itapiru en fut le début. Les défenseurs de cette position ne tinrent pas mieux que n'avaient tenu ceux de Yatay et de Uruguayana, et bien qu'ils eussent un corps d'armée pour les soutenir, ils évacuèrent, de nuit, la place. La marine des alliés vint alors s'embosser dans une rade naturelle, commandée par le fort, et de là ils canonnèrent le camp paraguayen, où se trouvait, dit-on, Lopez (20 avril 1866).

Il semble que ce dernier eût dû tenter alors quelque effort désespéré pour rendre un peu de confiance à ses troupes. Les alliés ne s'étaient pas encore établis dans le Rio-Paraguay qui, à quelques kilomètres du *Paso de la Patria*, forme un delta avec le fleuve Parana ; et si le président-maréchal ou ses généraux avaient eu la moindre intelligence des choses de la guerre, ils auraient pu tirer un grand parti de cette position. Cela eut été surtout facile pendant les trois mois de basses eaux qui n'avaient pas permis à la marine alliée de s'approcher du *Paso de la Patria*.

Dans des conditions moins favorables, on le pouvait encore tenter. Ce delta se couvrant d'une infinité d'ouvrages de terre, balayant de leurs feux le Parana et l'Uruguay, devenait une forteresse naturelle redoutable, appuyée qu'elle était de la fameuse bastille d'Humaïta, sur l'Uruguay, et du fort d'Itapiru, sur le Parana. On était là à même de tenir tête à des assaillants doubles en nombre, et le *Paso de la Patria* devenait inabordable pour tout assaillant qui ne voudrait pas sacrifier les deux tiers de ses hommes.

Lopez ne vit rien, ne comprit rien ; il semble que la peur physique le dominait, et donnant l'ordre de la retraite, il alla se réfugier sous les canons d'Humaïta.

Que cet homme, si petit dans le danger, ait été pris ou donné comme un type d'indomptable énergie, c'est, en vérité, la bouffonnerie la plus hyperbolique qui soit jamais sortie de la tête d'un anecdotier politique. La masse du public européen ne connaît sans doute que très-mal

M. Lopez ; mais il est bon nombre de voyageurs qui ont longuement exposé la vraie situation du Paraguay ; il n'est pas un homme s'occupant sérieusement de politique étrangère qui ne connaisse, depuis alpha jusqu'à oméga, la biographie du républicain Lopez ; quel est donc le mot de la comédie jouée par ses amis ? Ah ! ce mot, il se trouve dans un distique d'Horace, bien souvent cité et malheureusement toujours vrai.

Faut-il donc s'étonner qu'un chef d'état pareil ait envoyé en Europe des représentants qui ont, pour eux-mêmes, assez peu de respect, qu'ils ne craignent pas de publier sciemment des nouvelles fausses.

Ainsi le combat du 2 mai dernier, au lieu d'être, comme ils l'ont annoncé, une victoire, n'a été, pour les Paraguayens, qu'une défaite encore plus complète que les précédentes.

IV

Notre situation commerciale florissante au Brésil et dans les républiques de la Plata, mais nulle au Paraguay. --- Conséquences naturelles de la triple alliance.

Je viens de décrire les événements qui se sont succédé avec la plus scrupuleuse exactitude, mais je dois ajouter que je n'étais plus dans le Rio de la Plata lors des dernières affaires (celles du mois d'avril) dont la plupart des journaux ont rendu un compte exact, y compris le *Moniteur universel.*

Mais je ne puis me dispenser de mentionner ici une affaire qui a eu lieu en février dernier, avant mon retour en France. Elle démontrera d'ailleurs quel est le genre de victoires que chantent si haut les *puffistes* de M. Lopez et fera connaître, en même temps, de quelle manière le maréchal-président prétend faire la guerre. A l'époque dont il s'agit, le camp de l'armée argentine était situé près du Rio-Parana, au lieu où le passage de ce fleuve présente le moins de difficultés.

Par une nuit obscure, un corps de 3,000 Paraguayens passe le Parana et se présente de grand matin à une petite distance du camp du général Mitre, et en même temps les Argentins sont prévenus qu'une force de l'armée paraguayenne venait de s'échapper du camp du président Lopez avec armes et bagages. C'était à qui irait faire accueil à ces nouveaux venus, qui se présentent tous le canon du fusil baissé et dans l'attitude de gens qui viennent réellement faire leur soumission.

Mais à peine quelques bataillons du camp voisin se sont-ils approchés, qu'une décharge formidable se fait à bout portant, et plus de cinq cents Argentins tombent baignés dans leur sang, les uns morts, les autres blessés.

Après cet infâme guet-à-pens, digne à tous égards de celui de l'escadrille du maréchal-président dans le port de Corrientes, les Paraguayens battent en retraite à marche forcée et repassent le Rio-Parana avant qu'on ait pu leur faire payer cher leur indigne trahison.

—

Mais passons... et, avant d'indiquer la manière dont la lutte doit prochainement se terminer, cherchons à juger les faits accomplis sans prévention et sans passion.

Supposons maintenant, pour un instant, avec quelques écrivains de M. Lopez, que, par des moyens quelconques, toutefois à nous inconnus, leur ami triomphe de la coalition.

Cette hypothèse une fois admise, quelles sont les premières questions qu'on doit s'adresser ?

Quel profit y trouveront nos intérêts commerciaux ?

Quel avantage en résultera-t-il pour la cause de l'humanité ?

Avant de répondre, nous ferons même à ces messieurs les journalistes une autre concession, que leur ami M. Lopez, vainqueur, sera un modèle de toutes les vertus, qu'il fera tellement preuve de sagesse et de modération qu'il renoncera à toute entreprise contre le Brésil, contre la République Argentine et même contre la république de l'Uruguay.

Encore, dans ce cas, faudra-t-il bien convenir qu'il tiendrait le Paraguay, autant que par le passé, sous son joug oppressif, qu'il ne cesserait de mettre en quarantaine tout ce qui viendrait d'Europe, hommes et choses.

Mais si nous devons dire nôtre pensée tout entière, nous qui connaissons probablement mieux le caractère de M. Lopez que ses prétendus amis, nous dirons que, dans l'hypothèse que je viens de poser, l'intervention du maréchal-président serait aussi certaine dans les républiques de la Plata qu'au Brésil.

Si une connaissance des hommes, acquise par un long séjour dans tous ces États de l'Amérique du Sud, peut donner à notre opinion quelque autorité, nous pourrions même tracer ici les suites de cette intervention :

1° Changement dans la forme des gouvernements;

2° Arrêt dans l'essor progressif de ces États ;

3° Traités ruineux imposés ;

4° La disparition d'un des meilleurs débouchés pour notre marine marchande;

5° Coup mortel porté à notre juste influence dans ces contrées.

Telles sont les conséquences forcées, nécessaires, qu'entraînerait la domination de M. Lopez.

. Ah! sans doute ceux qui se sont déclarés ici les défenseurs à outrance de l'arbitraire le plus révoltant, n'ont pas songé que nous avons au Brésil et sur les rives de la Plata une population énergique qui croît chaque jour (1) en nombre et en influence. Avec cet impardonnable oubli des choses sérieuses qui les distinguent, ils ne se sont pas donné la peine de réfléchir sur ce qui importe à la France dans ces riches contrées.

---

(1) Voir la note B à la fin de l'écrit.

Il convient donc d'examiner notre véritable position au Paraguay et celle que nous nous sommes créée, surtout depuis 1852, dans les Etats des trois gouvernements alliés.

D'abord la population française, nulle au Paraguay, s'élève à plus de cent mille âmes dans les trois nations alliées.

Notre commerce avec le Paraguay a été, jusqu'à ce jour, tellement insignifiant, qu'il ne figure même pas sur le *Tableau général du commerce de la France.*

Avec le Brésil et les républiques de la Plata, dès 1864, notre mouvement commercial est de 366 millions de francs (1).

Un point qui mérite de fixer l'attention, c'est la corélation entre notre population et notre commerce. La

---

(1)   ANNÉE 1864.

Extrait du tableau général de notre commerce.

BRÉSIL.

Importations en France.	Exportations de France.
fr.	fr.
85,876,698	129,220,266

RÉPUBLIQUE ARGENTINE.

41,512,006	51,910,115

RÉPUBLIQUE ORIENTALE DE L'URUGUAY.

30,756,426	27,095,976

TOTAUX.

157,756,130	208,226,357

marche ascendante de l'un et de l'autre se fait simultanément et n'a pas discontinué depuis la chute de Rosas
(1852).

Hormis le Paraguay, notre langue se popularise chaque
jour ; hormis le Paraguay, nos us et coutumes sont
ceux qu'on préfère ; hormis le Paraguay, ies articles que
nous introduisons sont aussi nombreux que variés.

Le Paraguay ne cessera de traîner cette vie de profonde
misère, tant que ce malheureux pays endurera le règne
de la terreur, tant que, séparé du monde, il n'aura ni
désirs ni besoins, tant que ses habitants, entretenus dans
une ignorance profonde, dans une superstition honteuse,
seront exploités par la famille Lopez.

Ne craignons donc pas d'affirmer bien haut que le
triomphe de M. Lopez, sur les alliés, serait l'établissement de l'élément rétrograde dans les Etats voisins et,
par suite, l'anéantissement de notre commerce dans ces
régions et le rapatriement, chaque année, d'au moins
5,000 Français.

—

Et tout cela se ferait à une époque où notre prospérité
commerciale surpasse toutes les prévisions !

En 1858, nos importations et exportations avec le Brésil étaient d'environ cent millions de francs ; en 1864,
elles ont été de 213 millions.

Pour la République Argentine, le chiffre également of-
ficiel de 1858 a été de 47 millions, et celui de 1864 de
93 millions.

Enfin, la République Orientale de l'Uruguay ne comptait que 22 millions en 1858 et, en 1864, le chiffre s'est
élevé à plus de 57 millions de francs.

L'Angleterre, si fière de sa prépondérance commerciale, nous avait cependant devancés dans ces parages (1)
où nos affaires étaient pour ainsi dire nulles, il y a
35 ans : cependant les chiffres officiels de 1864 consta-
tent que nos affaires avec la République Argentine ont
dépassé celles de la Grande-Bretagne de 17 millions et
demi de francs, et, en 1865, un résultat semblable s'est
produit pour la République Orientale de l'Uruguay.

—

Après avoir établi ces faits, en nous appuyant toujours
sur des documents pris aux sources officielles, faisons
maintenant un appel au bon sens public. Que faut-il
penser de ces hommes qui, en soutenant M. Lopez, amène-
raient infailliblement tant de désastres, l'anéantissement
dans ces régions de notre commerce, la ruine de cent
mille de nos nationaux, et l'abaissement de notre pavillon ?

---

(1) Voir la note C à la fin de l'écrit.

Au contraire, dans le présent comme dans l'avenir, nous avons tout à gagner par le succès des alliés.

Quant aux craintes qui pourraient naître sur la durée de la guerre et sur de nouvelles complications, nous croyons avoir assez démontré qu'en l'absence de toute pensée d'agrandissement de territoire, il ne pouvait en être ainsi. D'ailleurs, le traité du 1er mai 1865 ne stipule-t-il pas expressément l'autonomie de la République du Paraguay ? (1).

Sans doute les alliés devront démolir la forteresse de Humaïta qui, dominant, près de son embouchure, les eaux du Rio-Paraguay, était devenue, depuis dix ans, une menace incessante pour la navigation de cette rivière et de ses affluents (2).

Ainsi s'écrouleront prochainement les murailles de cette Chine américaine ; ainsi se réalisera et se pratiquera réellement la libre navigation des Rios Parana et Uruguay, et aussi celle des magnifiques cours d'eau qui viennent se jeter dans ces fleuves.

Lorsque, par un changement de gouvernement, le Paraguay sera entré dans le mouvement commercial du monde, lorsque chaque Paraguayen saura que personne ne peut lui contester le droit de disposer à son gré de ce qui lui appartient, on pourra alors se faire une

---

(1) Voir ce traité à l'appendice.
(2) Voir la note D à la fin de l'écrit.

juste idée de la richesse et de la variété des produits de ce beau pays.

Quel en sera le résultat? L'ouverture d'un nouveau marché considérable dans le bassin de la Plata et qui promptement augmentera nos exportations d'une quarantaine de millions.

Par conséquent, l'affranchissement du Paraguay par les trois puissances alliées sert non-seulement la cause du progrès et de la civilisation, mais celle aussi de nos véritables intérêts commerciaux, en nous créant un centre de marchés importants pour notre pays.

—

Nous nous féliciterons si ces quelques pages, destinées à faire connaître en Europe la vérité qu'on a tant cherché à obscurcir, parviennent à dissiper toute inquiétude sur le présent comme sur l'avenir. L'Europe ne verse-t-elle pas sans cesse, depuis quinze ans, dans les Etats alliés, sa population, ses marchandises et ses capitaux?

. Nous espérons avoir démontré suffisamment :

1o Que ni le Brésil, ni la république Argentine, ni la république orientale de l'Uruguay n'ont provoqué la guerre actuelle contre le Paraguay;

2o Que le Brésil, dont le souverain libéral est essentiel-

4

lement ami de la paix et du progrès, songe si peu à de folles conquêtes, à l'agrandissement d'un empire déjà immense, qu'il fera rentrer l'épée au fourreau avec le dernier coup de canon;

3º Que la république Argentine, dont les progrès sont vraiment prodigieux sous l'administration sage et modérée du général Mitre, n'attend que le moment où il lui sera également possible de déposer les armes;

4º Que la République orientale de l'Uruguay, qui possède aujourd'hui un gouvernement de son choix, s'empressera d'en faire autant, après des luttes aussi terribles que celles qu'il lui a fallu endurer.

L'heureuse conclusion de cette guerre sera donc toute à l'avantage des véritables intérêts de notre population et de notre commerce.

—

Si enfin nous considérons cette alliance sous un autre point de vue, que voyons-nous?

Deux races distinctes, espagnole et portugaise, après avoir transporté, dans le monde de Colomb, les haines engendrées dans le vieux monde, forment, pour la première fois depuis leur indépendance, un traité d'alliance.

Ainsi unis, les descendants des Vasco de Gama et des Solis ont tous bravement combattu; et tous vaincront

ensemble. Ils auront appris à se rendre réciproquement justice et à s'estimer les uns les autres.

Ainsi vont disparaître, Dieu merci ! ces préventions séculaires qui pourraient s'expliquer au temps déjà loin de nous où le trône lusitanien fut usurpé par Philippe II, mais qui ne doivent plus subsister dans un siècle où la vapeur et l'électricité ont rapproché les peuples, et où la terre devient chaque jour le partage de l'humanité tout entière.

La triple alliance donnera donc au vaste continent américain une grande et utile leçon !

Ce ne sera pas en vain, nous en avons la conviction, que trois vaillants peuples de la race latine auront ainsi mis à profit le noble exemple donné, pendant la guerre de Crimée, par les deux plus grandes nations du monde.

Maintenant que nous avons répondu aux journalistes de M. Lopez, nous croyons ne pouvoir mieux faire que de reproduire ici une réponse faite à une des brochures publiée dernièrement à Paris en faveur du président-maréchal du Paraguay.

Nous donnons cette réponse sans y ajouter, en ce moment, de commentaire; en un mot, nous la reproduisons telle qu'elle a parue dans un des derniers numéros d'un journal de Buenos-Ayres, la *Nacion argentina*.

Comme on le verra, cette réponse en dit assez pour faire comprendre, une fois de plus, comment quelques amis de M. Lopez écrivent l'histoire même de leur patrie qui n'est le Paraguay, fort heureusement pour ces messieurs.

LA CRISE DE 1866

DANS LES RÉPUBLIQUES DE LA PLATA

Tel est le titre d'une brochure que M. Alberdi vient de publier à Paris, et qui pourrait bien produire dans l'Amérique du Sud un effet tout contraire à celui qu'il s'est proposé.

Ainsi, en lisant cet ouvrage, qui sans aucun doute ne laisse rien à désirer sous le rapport du style, on ne peut se défendre d'un sentiment pénible, celui de regretter que cet éminent écrivain déploie tant de talent, souvent pour dénaturer les faits les plus notoires, toujours pour prouver sa haine contre les hommes de Buenos-Ayres, ses antipathies contre le Brésil, et plus de sympathies peut-être pour le Paraguay que pour la république Argentine, sa propre patrie.

Certes, il est triste de voir distiller tant de fiel sous une enveloppe qui pourrait offrir tant de charme et de séduction, si elle était dégagée de l'influence de la passion politique dont elle est empreinte !

Voici, au surplus, l'analyse succincte de ce qui a principalement attiré notre attention dans les divers chapitres de cet ouvrage.

I

Objet de l'auteur.

M. Alberdi prétend que la guerre actuelle du Brésil et
de *Buenos-Ayres* contre le Paraguay a un but réel, tota-
lement différent de celui qui est apparent ; suivant lui, la
triple alliance a, dans cette guerre, pour objet véritable
la domination du Brésil sur les deux républiques du Rio
de la Plata, et l'exploitation, par Buenos-Ayres, des autres provinces argentines.

Et, dans son blâme sur le but de la guerre, il pousse le
paradoxe jusqu'à dire que le Paraguay doit servir de
point d'appui pour assurer le triomphe de la civilisation
dans la république Argentine.

En vérité, une telle manière de voir ne peut pas être
sérieuse chez un homme de sens et de raison.

Mais en admettant, au surplus, que le Paraguay soit
appelé à exercer une influence si importante sur le sort
de la république Argentine, il est constant que ce résultat
ne saurait être atteint, tant que le Paraguay ne sera pas
délivré des chaînes de son gouvernement actuel et qu'il
n'aura pas conquis son indépendance.

Donc, au point de vue de M. Alberdi lui-même, la
guerre actuelle serait, à cet égard, fondée et aurait sa
raison d'être.

Dans tous les cas, l'évidence est un argument qui dis-
pense de toute autre réplique à la question : or, il suffit
d'examiner sérieusement la situation de la république
Argentine et de l'empire du Brésil, pour y voir la justifi-
cation même de la cause de la guerre ; c'est ce que nous
allons bientôt démontrer.

II.

Examen critique du but de la guerre.

Nous ne parlerons pas de la supposition gratuite par
·laquelle M. Alberdi prête aux alliés l'intention d'établir
au Paraguay une forme de gouvernement constitutionnel, attendu qu'il sait à merveille que les puissances
alliées se sont précisément imposé la condition de respecter l'autonomie et la volonté du Paraguay. Si donc
son gouvernement actuel est renversé, le Paraguay se
constituera comme bon lui semblera, sous la condition de
garantir aux puissances ses voisines leurs droits incontestables à la navigation de leurs rivières communes.

Nous voudrions également ne pas parler de la comparaison que M. Alberdi fait entre la constitution argentine
et celle du Paraguay, car, en blâmant la première pour
louer la seconde, sa comparaison n'aboutit qu'à une contradiction qui a pour effet de détruire instantanément
toute la base de son édifice.

En effet, pour être conséquent avec lui·même, M. Alberdi, au lieu de faire un crime au général Mitre des vues
ambitieuses et despotiques qu'il se fait un plaisir de lui
prêter, devrait au contraire l'encourager dans cette voie,
et lui donner le conseil de suivre les nobles errements de
son ami Lopez, en se faisant nommer dictateur perpétuel
de la république Argentine.

C'est peut-être dans ces conditions que M. Alberdi s'est
formé l'idée d'une telle entente cordiale entre le nouveau
dictateur de cette république et celui de la république du
Paraguay, que le Paraguay daignerait alors prêter toute
la puissance de son appui à la république Argentine, pour

y assurer l'introduction des compléments absolus de la civilisation.

En attendant, Buenos-Ayres est, aux yeux de M. Alberdi, la cause de tous les maux de la république Argentine, et la nouvelle constitution n'est que la contre-partie de la dictature de Rosas, c'est-à-dire l'absorption de la nation par Buenos-Ayres.

Comme si Buenos-Ayres, première victime de la tyrannie de Rosas, devait être responsable de cette tyrannie !

Comme si Buenos-Ayres avait jamais soulevé le caudillage fédéral !

Et puis, d'où viennent ces récriminations contre un pouvoir dont le souvenir, il est vrai, appartient à l'histoire, mais qui, en bonne morale, aurait peut-être bien le droit de récriminer lui-même contre les attaques peu généreuses dont il est l'objet aujourd'hui, après sa chute, de la part d'un écrivain qui, si nous en croyons le *Nacional* en son numéro du 3 avril, l'a défendu en plusieurs reprises dans les temps de sa splendeur et de sa prospérité ?

Ceci, au surplus, est une question de délicatesse que l'opinion publique jugera comme elle mérite de l'être, et dont l'appréciation la mettra sans doute en garde contre toutes les suppositions, aussi peu fondées les unes que les autres, auxquelles se livre M. Alberdi, pour rechercher le but que se propose le général Mitre dans la guerre actuelle.

Est-ce que M. Alberdi ignore que la république Argentine n'a été entraînée dans cette guerre que par la nécessité de venger par les armes son honneur brutalement offensé, et de reprendre son territoire envahi par une armée paraguayenne ?

Il ne s'agit donc pas, comme il le prétend, de s'emparer des vastes déserts du Paraguay, qui seraient absolument inutiles à la république.

Quant aux provinces de l'intérieur, de quel droit honnête se sert M. Alberdi pour dire qu'elles ont tort de faire cause commune avec Buenos-Ayres dans sa guerre contre le Paraguay?

Est-ce que c'est Buenos-Ayres qui fait la guerre? Evidemment non; puisqu'il s'agit d'une guerre nationale, dans laquelle toutes les provinces de la république sont tenues, d'après la constitution, d'apporter le contingent de leur concours à la défense de l'honneur du drapeau de la patrie commune.

Donc, en blâmant la conduite patriotique des provinces de l'intérieur, dans cette occasion, M. Alberdi prêche la désobéissance à la constitution, c'est-à-dire l'anarchie, la trahison, la guerre civile et la révolution.

Enfin, quand on voit M. Alberdi s'étonner que la république Argentine ait formé alliance avec l'empire du Brésil contre le Paraguay, sous le prétexte que le Brésil doit être l'ennemi naturel de la république Argentine, tandis que le Paraguay doit en être l'ami naturel, on est fondé à considérer un pareil étonnement comme le résultat d'un préjugé digne des temps les plus reculés de l'ignorance et de la barbarie.

En effet, il ne s'agit pas de savoir ce qui pourrait être, il s'agit de savoir ce qui est.

Or, ce qui est notoire, c'est que le Paraguay a fait à la république Argentine, et simultanément à l'empire du Brésil, l'offense la plus grave qu'une nation puisse faire à une autre nation.

Les deux nations offensées se sont donc alliées contre

leur agresseur et ennemi commun ; à cet égard, elles étaient fondées en droit comme en raison, et certes, depuis lors, l'une et l'autre n'ont eu qu'à se féliciter de cette alliance qui a déjà eu pour effet de mettre leurs armées respectives, de terre et de mer, à même de se connaître et de s'apprécier sur le champ de bataille.

Ainsi, comme on le voit, M. Alberdi devait se préoccuper, moins qu'il ne semble le faire, de la question de savoir pourquoi les armées alliées marchent contre le Paraguay, et quel sera le résultat de la guerre. L'évidence des faits l'a édifié depuis longtemps (quoi qu'il en dise) sur le premier point, et, quant au second, il a trop d'esprit pour ne pas comprendre que, dans un temps plus ou moins éloigné, il en sortira infailliblement une transformation radicale des trois républiques engagées dans la lutte actuelle, sous le rapport de leur stabilité et de leur avancement dans tous les progrès matériels et moraux.

III

« De la liberté dont on jouit à
Buenos-Ayres. »

M. Alberdi prétend que la liberté dont on jouit à Buenos-Ayres est une chimère qui n'a rien de réel, et qu'il ne peut rentrer dans sa patrie à cause des écrits qu'il a publiés contre elle.

Mais ces deux allégations sont aussi injustes et inexactes l'une que l'autre.

Quoique la police ne soit pas parfaite à Buenos-Ayres, et que la justice s'y rende d'une manière qui laisse parfois encore à désirer, il n'en est pas moins vrai que ces deux branches si importantes d'une bonne administration ont été améliorées d'une manière très-sensible depuis quelques années.

La liberté individuelle y est assurée par le droit et par le fait.

Quant à M. Alberdi, quoique le gouvernement ait parfaitement conscience de ne lui être pas sympathique, néanmoins il se ferait un devoir de protéger sa personne, si jamais il revenait dans ces parages.

Le temps des crises et assassinats politiques est passé ; et, grâce à toutes les voies de progrès dans lesquelles le pays est entré, surtout depuis la présidence sage, honnête et éclairée du général Mitre, il faut espérer que ce temps-là ne reviendra plus.

· C'est encore une erreur de dire que la liberté de la presse n'existe pas à Buenos-Ayres, parce qu'elle y vit de deux gouvernements ennemis ; car, si elle y vit de deux gouvernements, il en résulte que la presse de chacun d'eux est libre d'écrire contre l'autre.

Enfin, M. Alberdi signale comme deux éléments inconciliables la coexistence, dans la ville de Buenos-Ayres, du gouvernement national et du gouvernement provincial. Et pendant qu'il prête au général Mitre l'intention d'absorber les autres provinces au profit de Buenos-Ayres, il n'en soutient pas moins qu'il y a inimitié entre les deux gouvernements, à cause des tendances contradictoires qui existent entre la province de Buenos-Ayres et la république.

Or, si ces tendances contradictoires existent, il en résulte évidemment que le général Mitre ne peut avoir l'intention d'absorber les provinces de l'intérieur au profit de la province de Buenos-Ayres, et qu'ainsi M. Alberdi apporte lui-même le plus naïf démenti à sa propre argumentation.

IV

« La liberté argentine par l'étranger,
et le pouvoir étranger dans le gou-
vernement argentin. »

M. Alberdi accuse le général Mitre d'exercer le pouvoir
à la manière de Rosas, c'est-à-dire suivant les lois d'un
égoïsme de localité anti-nationale. Il lui reproche de
gouverner la nation comme si elle était le patrimoine
exclusif d'une province.

Et, à l'appui de ces deux étranges assertions, il prétend que, si le gouvernement de la nation argentine actuel n'était pas l'ennemi constitutionnel de la nation, il
n'aurait pas recours à une alliance absurde et à des
baïonnettes étrangères et ennemies pour l'aider à gouverner les Argentins.

En vérité, il faut être en proie à une disposition d'esprit bien malencontreuse, et avoir l'imagination singuliè-
rement féconde en subtilités, pour savoir dénaturer ainsi
les faits et en faire l'objet d'une accusation publique
contre un adversaire politique !

Quelle analogie y a-t-il donc entre Rosas et le général
Mitre ?

Autant l'un était despote, cruel, arbitraire, autant l'autre est libéral, humain et strict observateur de la loi.

Le général Mitre, depuis son avénement à la présidence,
n'a-t-il pas fait tout ce qui était en son pouvoir pour
maintenir la paix et la bonne harmonie entre toutes les
provinces de la république, pour y favoriser, par tous les
moyens possibles, le développement de tous les progrès :
chemins de fer, canaux, service de bateaux à vapeur,

ouvertures de routes ordinaires, écoles, service des postes, colonisation, exploitation de mines, rien n'a été négligé par le gouvernement national pour faire profiter toutes les provinces de la république des bienfaits de la paix intérieure dont il a su les faire jouir depuis quelques années.

L'accusation de M. Alberdi, sous ce rapport, n'est donc rien qu'imaginaire.

Quant au reproche qu'il adresse au général Mitre au sujet de son alliance avec le Brésil, il est conçu dans des termes tels, qu'ils suffisent à sa propre réfutation. D'ailleurs nous avons déjà dit, et M. Alberdi sait tout aussi bien que nous, que la guerre a été une nécessité imposée par l'offense du Paraguay contre le drapeau national, et que l'alliance n'a été que la conséquence de cette nécessité.

Donc il est absurde de représenter l'alliance comme un moyen auquel aurait recours le général Mitre pour gouverner les Argentins.

V

> « *La guerre cherche la réforme argen-*
> » *tine et non la réforme du Para-*
> » *guay. La réforme cherche le dé-*
> » *membrement et non l'union.* »

M. Alberdi, dénaturant toujours la cause de la guerre, lui attribue maintenant l'intention qu'aurait le général Mitre de s'appuyer sur le Brésil pour dissoudre le gouvernement national et s'octroyer la dictature du pays pendant une nouvelle période présidentielle.

Comme on le voit, l'éminent écrivain se plaît aux conjectures favorables à ses préventions, et, dans sa joie de les avoir enfantées, il n'hésite pas à les adopter et à les publier comme des vérités incontestables.

C'est donc au bon sens public à faire justice de si audacieuses billevesées.

VI

> « *La politique qui a gouverné la répu-*
> » *blique Argentine par la division,*
> » *n'est pas une invention de Mitre ni*
> » *de Rosas; son origine est sa date.* »

Ici M. Alberdi prétend que le général Mitre, à l'instar de Rosas, a pour politique de gouverner par la division.

Il fait remonter cette politique à l'ancien régime colonial espagnol, dont les lois donnèrent, pour seul port à toutes les provinces de la Plata, la ville de Buenos-Ayres, où résidait le vice-roi.

Tel est, suivant M. Alberdi, le malheureux système qui a prolongé le désordre depuis cinquante années dans la république, en laissant à la province de Buenos-Ayres la possession exclusive du port, de la douane et des revenus de toutes les autres provinces, et c'est cet état de choses, maintenu jusqu'à aujourd'hui, dont le pays est victime, et qui exige une réforme de la constitution.

Ainsi M. Alberdi a une marotte : il dit que Buenos-Ayres garde toutes les rentes de la nation, et oblige les provinces à un vasselage qui durera autant que sa base d'or; et quelles conséquences ne tire-t-il pas de cette prétendue exploitation !

Toutefois il s'abstient de chercher à prouver cette allégation, et il fait bien.

En effet, la constitution nationale réformée est venue introduire un changement complet dans le système économique de chaque province. Depuis lors, toutes les douanes sont devenues nationales, et la nation les fait encaisser par des employés nationaux.

La douane de Buenos-Ayres verse dans les caisses de la nation environ un million de piastres par mois ; et de cette somme la province ne reçoit pas une obole.

Où donc M. Alberdi a-t-il vu que la constitution nationale réformée a donné à la province de Buenos-Ayres le monopole des revenus de la douane, lorsque c'est précisément cette constitution qui lui a retiré ce monopole ?

Est-ce que la douane argentine de Buenos-Ayres empêche les revenus d'entrer dans les coffres du Trésor national ?

Est-ce que le port de Buenos-Ayres empêche des navires de se diriger vers les autres ports ?

On doit s'étonner, en vérité, que M. Alberdi ne connaisse pas ce point important de la constitution, ou qu'il en ignore l'application.

VII

« *De la réforme de la constitution*
» *argentine tendant à créer une dic-*
» *tature conforme aux vues ulté-*
» *rieures de l'alliance et de la*
» *guerre.* »

M. Alberdi n'abandonne pas son idée ; il dit que la réforme de 1860 a été une révolution du localisme de Buenos-Ayres contre la république Argentine, et que la réforme de 1866, si elle se réalise, sera une contre-révolution apparente et une confirmation réelle de la réforme de 1860.

Il persiste à dénaturer la cause de la guerre, et veut absolument y voir l'intention du général Mitre de s'emparer de la dictature du pays.

Au surplus, il est inutile de suivre M. Alberdi dans toutes ses divagations à ce sujet, puisque toutes croulent par la base, du moment qu'elles procèdent d'un principe qui est faux, celui de l'origine de la guerre, qu'il se complaît à dénaturer en cherchant à combattre l'évidence.

VIII

« *Complicité et vues ambitieuses du*
» *Brésil dans la politique anti-ar-*
» *gentine de Buenos-Ayres. Plans*
» *et vues ultérieures de son alliance.* »

L'illustre écrivain prétend que l'alliance place le général Mitre entre deux difficultés, Buenos-Ayres et le Brésil.

Mais quelles preuves sérieuses donne-t-il à l'appui de cette allégation? Aucune.

Suivant lui, Buenos-Ayres et tous ses habitants ont le plus grand intérêt à vivre en opposition avec les provinces de l'intérieur. L'intégrité locale de cette province rend donc impossible l'intégrité nationale, parce qu'il en résulte un État dans l'État, ou deux pays incohérents, et l'intégrité provinciale de Buenos-Ayres est la clef d'or qui ouvre au Brésil les portes de la Plata. D'où il suit, aux yeux de M. Alberdi, que le Brésil et Buenos-Ayres ont également en vue la destruction de la république Argentine, et que le général Mitre serait l'instrument dont le Brésil voudrait se servir pour arriver à ce résultat.

Montevideo deviendrait ainsi la capitale du Brésil, et le Brésil deviendrait l'arbitre des libertés économiques et civiles des provinces démembrées de la république Argentine.

Certes, une telle perspective, si elle devait se réaliser, ne laisserait pas que d'être assez sombre pour le pays ; mais, heureusement, elle ne repose que sur la nature même des sentiments dont M. Alberdi paraît de plus en plus animé envers Buenos-Ayres, le général Mitre et le Brésil : or, plus cette perspective paraît entrer dans les vues de M. Alberdi, et moins sa réalisation nous semble probable, attendu qu'il y a évidemment chez lui parti pris de voir les choses de leur mauvais côté, c'est-à-dire dans un sens favorable au retour d'un régime politique qui est sans doute l'objet de ses regrets et de ses espérances.

Voici, au surplus, pourquoi sa prédiction est, à nos yeux, une chimère.

Comment admettre que le général Mitre puisse désirer le démembrement de la république, après tous les nobles et heureux efforts qu'il a faits pour sa réorganisation ?

Comment supposer que le Brésil viendra jamais établir sa capitale à Montevideo, à l'extrémité de son immense empire ?

En admettant d'ailleurs que la république de l'Uruguay devienne jamais une province de l'empire, quel intérêt pourrait avoir le Brésil au démembrement et à l'affaiblissement de la république Argentine ? Certes, on ne peut pas croire qu'il ait jamais l'intention de conquérir son vaste territoire et de s'en emparer ; donc, dans cette hypothèse, le Brésil ne pourrait que désirer d'avoir dans la république un voisin tranquille ; et il est constant que ce voisin ne serait tranquille qu'à la condition de n'être ni démembré, ni affaibli.

5

IX

Dangers de l'alliance et de ses vues.
Les soldats d'Amérique sont les grands
intérêts. La question argentine est
celle du port, et non celle de la capi-
tale; elle est plus économique que
politique.

M. Alberdi prête au Brésil l'intention de s'emparer de
tout le territoire borné par la Plata et par le Parana, y
compris Martin Garcia, et de laisser à Buenos-Ayres les
provinces argentines, le Paraguay et la Bolivie; il aide-
rait même Buenos-Ayres à rétablir sa vice-royauté sous
le nom républicain de Confédération.

Mais, encore une fois, sur quoi se fonde l'éminent écrivain pour supposer chez le Brésil de telles idées d'ambition? Et ces suppositions ne sont-elles pas encore autant de chimères inventées par leur auteur pour caresser
ses antipathies personnelles? D'ailleurs, est-ce que l'empereur du Brésil, depuis plus de trente ans qu'il est sur le
trône, n'a pas montré assez de sagesse et de modération
dans la direction des affaires publiques pour rassurer les
esprits même les plus timides sur les craintes que
M. Alberdi cherche à leur inspirer?

Ainsi les suppositions de M. Alberdi à cet égard ne sont
pas plus fondées que celles auxquelles nous avons déjà
répondu.

Quant à la question argentine, il prétend que c'est le
port de Buenos-Ayres qui en fait l'importance, et non pas
la capitale. En conséquence, il voudrait qu'on supprimât
le port de Buenos-Ayres pour favoriser les ports de l'intérieur.

Mais nous avons déjà répondu victorieusement à cette observation, puisque nous avons démontré que les revenus du port de Buenos-Ayres entrent tous dans les caisses du trésor national, et que d'ailleurs tous les navires qui mouillent aujourd'hui dans la rade de Buenos-Ayres ont la faculté de se rendre dans les ports de l'intérieur, s'ils le préfèrent.

La suppression du port de Buenos-Ayres serait donc une mesure purement vexatoire, et sans aucune utilité économique ni politique pour personne.

X.

« *Du gouvernement et du pouvoir des*
» *grands intérêts. Ils sont les législa-*
» *tures constituantes de la Plata.* »

Suivant M. Alberdi, il manque aux provinces argentines un gouvernement national qui les protége et leur assure la paix nécessaire à la production ; et il s'en prend encore, sous ce rapport, à Buenos-Ayres, qu'il accuse d'absorber toutes les ressources de l'Etat, sans rien laisser à la disposition des autres provinces.

C'est donc toujours la même récrimination qui revient dans tous les chapitres contre Buenos-Ayres, aussi nous abstiendrons-nous d'y répondre davantage.

Quant au reproche qui s'adresse au gouvernement national, nous demanderons à M. Alberdi si les provinces argentines ont jamais été mieux protégées contre les désordres de tout genre que par l'administration du général Mitre.

Et, comme l'ambition du Brésil est de nouveau mise à l'index, et qu'il s'agit ici de la Bolivie, nous nous bornerons

rons à signaler cette allégation comme une nouvelle contradiction de la part de M. Alberdi, puisqu'il dit, dans le
chapitre précédent, que cette république fait partie des
possessions que le Brésil consentirait volontiers à abandonner à Buenos-Ayres.

Enfin M. Alberdi invite les provinces de l'intérieur à
chercher en Europe de nouveaux intérêts étrangers, qui
viennent les défendre contre leurs ennemis d'Amérique.

Sans doute le conseil serait très-bon, et nous ne pourrions que nous y associer, s'il avait toute autre cause que
l'antagonisme dont la doctrine ne saurait jamais produire que désordre et discordes civiles.

Espérons donc que cette doctrine ne fera pas de prosé-
lytes, et que son grand-prêtre l'aura prêchée en pure
perte.

XI.

« *Quelle devrait être, et quelle sera, en*
» *définitive, la réforme que récla-*
» *ment les intérêts de la civilisation*
» *argentine? Le gouvernement de*
» *l'avenir est déjà formulé.* »

Enfin, nous sommes d'accord avec M. Alberdi sur le
point essentiel de la réforme que réclament, suivant lui,
les intérêts de la civilisation argentine.

Sans doute, nous pensons que Buenos-Ayres convient
seule pour être la capitale de la république ; mais il nous
paraît désirable que cette grande ville soit fédéralisée,
pour y faciliter l'indépendance des rouages du gouvernement national. Toutefois, comme nous craignons que sa
fédéralisation ne rencontre beaucoup d'opposition dans

les chambres de la province, nous aimerions encore mieux la prolongation de la coexistence des deux gouvernements dans la ville, plutôt que de voir le gouvernement national obligé d'aller planter sa tente dans tel autre endroit que ce soit de la république.

Selon nous, sauf quelques inconvénients qui résultent assurément de la coexistence, le gouvernement national a toutefois beaucoup plus de force et d'influence, en résidant à Buenos-Ayres, qu'il ne pourrait en avoir, s'il résidait ailleurs ; par conséquent, quoi qu'en dise M. Alberdi, c'est encore de Buenos-Ayres que le gouvernement national, malgré la coexistence, peut rendre les plus grands services aux autres provinces de la république.

XII

« *Situation de la guerre qui justifie*
» *l'introduction historique de cet*
» *ouvrage.* »

D'après M. Alberdi, la guerre n'est pas plus avancée aujourd'hui que le premier jour, et, quel qu'en soit le résultat, il ne portera aucune atteinte aux grands intérêts de la civilisation de ces pays.

Cela peut être vrai ; mais nous ne sommes pas d'accord avec M. Alberdi, quand il dit que les Paraguayens se sont retirés du sol argentin, où ils avaient été reçus comme alliés, et qu'ainsi la guerre n'a plus de raison d'être pour la république Argentine.

D'abord, il est inexact que les Paraguayens aient été reçus en alliés sur le territoire argentin ; et, du reste, s'ils y avaient été reçus en alliés, l'affront qu'ils ont fait au drapeau national n'en serait que plus criminel, puisqu'il

constaterait un abus de confiance inouï dans les annales
de la civilisation.

Dans tous les cas, le fait de s'être retirés de la province
de Corrientes ne suffit pas à l'honneur de la république
Argentine pour lui faire oublier l'invasion et le pillage de
cette province par les Paraguayens, en pleine paix et sans
aucune déclaration de guerre préalable.

Aux yeux de M. Alberdi, la république de l'Uruguay
se trouve dans le même cas que la république Argentine,
et pour elle, non plus, la guerre n'a plus de raison d'être,
du moment que les Paraguayens se sont retirés de son
territoire.

Ainsi, d'après M. Alberdi, les deux présidents de la
Plata en sont réduits à l'humiliation de n'avoir plus
d'autre rôle à jouer, dans la guerre, que de reprendre la
province de Matto-Grosso, au profit du monarque brésilien !

Certes, si M. Alberdi a été de bonne foi quand il a
tracé ces lignes, il faut qu'il ait l'épiderme de l'amour-
propre national bien peu susceptible, pour faire si facile-
ment bon marché de son honneur.

Du reste, après avoir énuméré avec autant d'emphase
que d'exagération les forces du Paraguay, et laissé per-
cer presque ouvertement l'espoir de son triomphe, il
ajoute que le Brésil prolongera la guerre autant que possible pour y trouver le prétexte d'occuper indéfiniment
avec ses armées la bande orientale et la république Argentine, dont le président, de son côté, profite des baïonnettes étrangères pour gouverner les provinces de cette
république.

Enfin, suivant sa monomanie d'opposition, pour ne
pas dire de haine contre le Brésil, M. Alberdi ne voit rien

moins que le commerce du monde compromis à la seule
pensée que (*malgré le succès probable du Paraguay*) le
Brésil pouvait s'étendre jusqu'aux rives de la Plata ;
c'est-à-dire qu'à compter de ce moment les rivières inté-
rieures seraient fermées à la navigation.

Comme on le voit, le Brésil et le général Mitre ne sont
pas plus ménagés à la fin, qu'ils ne l'ont été au com-
mencement, et dans le courant de cet ouvrage ; mais les
dernières attaques dont ils sont l'objet sont tellement
ridicules, et tellement contraires au plus simple bon sens,
qu'aucune personne de raison ne pourra les considérer comme sérieuses.

Pourra-t-on croire jamais que le Brésil cherche à pro-
longer la guerre, malgré les sacrifices énormes qu'elle lui
impose, pour le seul plaisir d'occuper avec ses armées la
bande orientale et la république Argentine ?

A qui pourra-t-on faire accroire que le général Mitre
se serve des armées du Brésil, pour exercer une pression
quelconque dans l'administration des affaires de la république ?

Quant à la navigation des rivières, il est évident qu'elle
serait libre sous la domination du Brésil, comme elle est
libre aujourd'hui, parce que le Brésil est trop intelligent
pour ne pas comprendre que le plus grand intérêt d'un
gouvernement sage est d'accorder aux peuples toutes les
libertés possibles, suivant les exigences des époques et les
progrès de la civilisation.

L'abolition de l'esclavage au Brésil viendra aussi à son
temps, par la seule force des choses ; peut-être même ce
temps n'est-il pas éloigné ; car il n'est pas impossible que
le résultat de la guerre actuelle contribue à en rapprocher

l'époque, ce qui serait sans doute un grand bienfait ajouté
à tous les autres avantages que l'on doit en attendre.

RÉSUMÉ.

Après la lecture de l'ouvrage que nous venons d'analy-
ser, beaucoup de personnes pourront croire que le but de
son auteur a été de prêcher le désordre, la discorde et
l'anarchie : pour nous, ses exagérations, ses contradic-
tions et ses incohérences mêmes le sauvent à nos yeux
d'un soupçon aussi grave, et nous ne voulons voir dans
M. Alberdi qu'un homme aveuglé par ses préjugés politiques (car ses opinions ne sont que des préjugés); il ne
se fait pas scrupule de dénaturer l'évidence et la réalité,
pour y substituer un système de circonstances imagi-
naires et de conjectures chimériques.

Sa haine, ou du moins sa prévention contre Buenos-
Ayres, est chez lui un préjugé inné : aussi est-ce un mal,
pour ainsi dire, sans remède ; car un homme peut changer d'opinions politiques, mais il est rare qu'il renonce à
ses préjugés.

L'injustice avec laquelle il incrimine les intentions les
plus droites et les plus honnêtes du général Mitre n'est
qu'une conséquence de son préjugé contre Buenos-Ayres.

Le général Mitre pouvait-il faire plus qu'il n'a fait, depuis son avénement à la présidence, dans l'intérêt commun et particulier de toutes les provinces de la république ? Est-il une seule circonstance dans laquelle on l'ait
vu sacrifier l'intérêt des provinces de l'intérieur au profit
de Buenos-Ayres ?

Quant au blâme que M. Alberdi déverse sans cesse sur
la guerre et sur le Brésil, il tient à deux causes : d'abord
ses sympathies avouées pour le Paraguay, et ensuite un

préjugé de race contre le Brésil, ce qui est le pire de tous, ce préjugé-là; du reste, dans la crainte sans doute de paraître faire la moindre concession à ce préjugé de race, il s'abstient de parler directement de l'empereur du Brésil, comme si le courage lui manquait pour rendre justice à la haute sagesse et aux lumières de ce *Léopold* de l'Amérique, de ce monarque loyal et désintéressé dont le gouvernement constitutionnel a su porter l'empire du Brésil au plus haut degré de prospérité et de respectabilité morale.

Au dédain avec lequel M. Alberdi semble parler du Brésil, on dirait qu'il ignore la transformation radicale qui s'est opérée dans ses populations depuis que don Pedro II est sur le trône ; et pourtant il ne peut ignorer que les nouvelles générations y comptent aujourd'hui des hommes du premier mérite.

Ce dédain, au surplus, ne fait que prouver encore une fois combien il en coûte de rendre à César ce qui appartient à César, surtout quand on se pose, par préjugé de race, comme ennemi de César.

Pauvre humanité !

Quand donc tous les hommes se traiteront-ils en frères ?

NOTES ET PIÈCES JUSTIFICATIVES

Note A (page 15).

Pendant que le gouvernement qui avait ordonné le massacre de Quinteros faisait encore peser sa tyrannie sur la république Orientale, le douloureux anniversaire de cet événement a été célébré d'une manière bien touchante par les dames de Montevideo.

Le 1er février 1859, une messe commémorative avait été demandée *mystérieusement* par elles, car elles savaient que la police, si elle en était informée, s'opposerait à cette manifestation. A l'heure indiquée, toutes les dames appartenant aux familles des victimes, et de leurs amis politiques, et même de quelques familles de la fraction modérée des *blancos*, se rendirent, en grand deuil, à la cathédrale où le saint sacrifice fut offert pour les victimes de Quinteros.

Une immense couronne, tressée avec des épines cueillies sur le lieu même de l'atroce exécution de ces martyrs, et portée par la fille du malheureux général Freire, fut présentée à la bénédiction du prêtre, puis distribuée à toutes les assistantes qui conservent cette précieuse relique en l'honneur des illustres patriotes morts pour l'affranchissement de leur patrie.

Par un raffinement de barbarie, le général Freire dut subir l'horrible supplice d'être témoin, avant de mourir, du massacre d'un fils qui avait combattu auprès de lui.

C'était bien de rappeler cette sauvage cruauté en désignant, pour porter la couronne, la fille et la sœur de ces deux nobles victimes.

Note B (page 44).

Les derniers journaux de Montevideo nous apportent les détails d'une autre cérémonie funèbre dont le récit peut trouver sa place ici

Dans une sortie faite le 24 avril 1844, pendant l'immortel siége de Montevideo, un détachement de 44 hommes de la légion française, qui s'était avancé avec trop d'ardeur, tomba entre les mains des soldats de Rosas, commandés par son lieutenant Oribe.

Au mépris de tous les principes d'humanité, de civilisation et même des droits de la guerre, et malgré les promesses solennelles faites à l'amiral français, ces braves furent impitoyablement massacrés, leurs têtes attachées aux murs extérieurs de la place, leurs cadavres enfouis dans un lieu longtemp ignoré.

Mais, grâce aux soins persévérants de l'honorable chef politique du gouvernement actuel de Montevideo, don Manuel Aguiar, ces précieux restes viennent d'être retrouvés.

Le 24 avril dernier, anniversaire du jour où ces malheureux ont été égorgés, leurs dépouilles mortelles ont été transportées au cimetière de Montevideo, où une tombe a été élevée en leur honneur avec une inscription rappelant les services rendus à la civilisation par ces premiers pionniers de l'émigration française dans ces contrées.

Le nombreux cortége qui accompagnait ces restes au *Campo santo* se composait, non-seulement de l'immense majorité de la population française, mais aussi d'un grand nombre d'Orientaux et de résidents étrangers de toutes nationalités.

Notre brave amiral Chaigneau, accompagné des officiers de l'*Astrée*, et aussi les chargés d'affaires et les consuls, s'étaient joints aux membres du gouvernement pour assister à cette cérémonie et pour témoigner ainsi de leurs sympathies pour ces vaillants défenseurs de Montevideo.

Voilà de quelle manière les dignes citoyens du parti *colorado* savent honorer les étrangers qui ont combattu avec eux pour la cause du progrès et de l'humanité !

Note C (page 47.)

C'est assez de rappeler ici le traité fait par l'Angleterre avec les provinces-unies du Rio de la Plata à une époque où la France n'avait aucune relation avec cette partie du nouveau-monde.

Le préambule du traité, qui porte la date du 2 février 1825, est conçu en ces termes :

« Comme il existe depuis longues années un commerce très-
» étendu entre les Etats de Sa Majesté Britannique et les pro-
» vinces-unies du Rio de la Plata, il paraît convenable, pour
» stimuler et donner toute sécurité à ce commerce, et pour le
» maintien de la bonne intelligence entre Sa Majesté Britan-
» nique et lesdites provinces-unies, que les relations déjà
» existant entre elles soient régulièrement reconnues et confir-
» mées par la signature d'un traité d'amitié, de commerce et de
» navigation. »

Note D (page 48).

Voici à quelle occasion la navigation du Paraguay et de ses affluents fut fermée aux bâtiments portant le pavillon français.

Pendant la présidence de Lopez Ier, en 1855, son fils fit un voyage en Europe et séjourna longtemps à Paris, où il n'a rien appris ni rien oublié.

Cependant la fantaisie lui vint de recruter un certain nombre d'émigrants, qui furent séduits par des promesses mensongères auxquelles la position de celui qui les faisait donnait plus d'autorité.

Cent soixante familles, composant environ un nombre de huit cents individus, s'embarquèrent donc pour le Paraguay, pour former une colonie sur un terrain salubre et fertile, où les émigrants devaient trouver en arrivant tous les moyens d'installation, les ustensiles aratoires, les semences, les bestiaux et une puissante et bienfaisante protection.

Mais de bien cruelles déceptions les attendaient. Ces malheureux furent établis sur des terres marécageuses, sur les confins du désert dans le Chaco, sans abri, sans nourriture, sans aucune protection, et sous une surveillance active pour les retenir dans ce lieu de désolation.

Les plus intrépides s'échappèrent cependant, préférant s'exposer aux funestes rencontres des tigres ou des Indiens plutôt que de périr de misère là où ils étaient déportés.

Ceux qui restèrent à la colonie furent bientôt conduits à l'Assomption, où de nouveaux tourments les attendaient.

Enfin, le tyran ordonna l'expulsion de ceux qui restaient encore.

Pour se faire une idée des tortures endurées par ces malheureux, je ne citerai qu'un seul fait qui m'a été raconté par M. le comte de Brayer, consul de France au Paraguay :

« Sous prétexte d'arracher des aveux à l'un de ces pauvres
» colons, Lopez Ier faisait plonger une ou deux fois par jour la
» tête de ce malheureux dans un baquet d'eau. Au moment où
» l'asphyxie commençait, on avait soin de retirer le baquet.
» Après avoir enduré plusieurs semaines cet horrible supplice,
» cet infortuné devint fou.

» Plus tard, à titre d'indemnité, on obtint pour lui — le croi-
» rait-on ? — la somme de *dix mille francs!!!* à peine ce qui
» était indispensable pour le faire admettre dans une maison
» d'aliénés. »

Tous ces crimes et bien d'autres avaient cependant éveillé l'attention du gouvernement français, qui avait refusé de délivrer aucun passe-port pour le Paraguay ; ce qui n'empêcha pas le président de fermer les rivières au pavillon français, comme il l'avait déjà fait pour le Brésil et les Etats-Unis : et plus tard il eut recours au même procédé pour l'Angleterre.

APPENDICE

Le gouvernement de la république orientale de l'Uruguay, le gouvernement de S. M. l'empereur du Brésil, et le gouvernement de la république Argentine :

Ces deux derniers, en guerre avec le gouvernement du Paraguay qui la leur a déclarée en fait, et le premier se trouvant en état d'hostilité contre lui, et ayant sa sécurité intérieure menacée par ledit gouvernement qui a violé son territoire, enfreint les usages internationaux des nations civilisées et commis des actes injustifiables après avoir troublé ses relations avec ses voisins, par les procédés les plus abusifs et les plus agressifs;

Bien persuadés que la paix, la sécurité et le bien-être de leurs nations respectives sont impossibles tant qu'existera le gouvernement actuel du Paraguay, et qu'il est d'une nécessité impérieuse, réclamée par les intérêts les plus grands, de faire disparaître ce gouvernement, en respectant la souveraineté, l'indépendance et l'intégrité territoriale de la république du Paraguay,

Ont, dans ce but, résolu de conclure un traité d'alliance offensive et défensive, et ont, à cet effet, nommé leurs plénipotentiaires, savoir :

S. Exc. le gouverneur provisoire de la république orientale de l'Uruguay, S. Exc. le docteur Carlos de Castro, son ministre secrétaire d'Etat au département des affaires étrangères ;

S. M. l'empereur du Brésil, S. Exc. le docteur F. Octaviaro de Almeida Rosa, de son Conseil, député à l'Assemblée générale législative, et officier de l'ordre impérial de la Rose;

S. Exc. le président de la Confédération argentine, S. Exc. le docteur Rufino de Elizalde, son ministre et secrétaire d'Etat au département des affaires étrangères,

Lesquels, après avoir échangé leurs lettres de créance qui ont été trouvées en bonne forme, ont convenu comme il suit :

ARTICLE PREMIER.

La république orientale de l'Uruguay, S. M. l'empereur du Brésil et la république Argentine s'unissent dans une alliance offensive et défensive dans la guerre provoquée par le gouvernement du Paraguay.

ART. 2.

Les alliés y concourront par toutes les forces dont ils peuvent disposer par terre ou sur les rivières, suivant qu'il sera nécessaire.

ART. 3.

Les opérations de la guerre devant commencer dans le territoire de la république Argentine ou sur une partie du territoire paraguayen avoisinant, le commandement en chef et la direction des armées alliées reste confié au président de la république Argentine, général en chef de ses armées, le brigadier général D. Bartolomé Mitre.

Les forces maritimes des alliés seront sous le commandement immédiat du vice-amiral vicomte de Tamandaré, commandant en chef de l'escadre de S. M. l'empereur du Brésil.

Les forces de terre de la république orientale de l'Uruguay, une division des forces argentines et une autre des forces brésiliennes, désignées par leurs chefs supérieurs respectifs, formeront une armée sous les ordres immédiats du brigadier général Venancio Florès, gouverneur provisoire de la république Orientale.

Les forces de terre de S. M. l'empereur du Brésil formeront une armée sous les ordres immédiats de leur général en chef, le brigadier Manoel Luis Osorio.

Bien que les hautes parties contractantes aient convenu de ne pas changer le champ d'opérations de la guerre, néanmoins, pour conserver les droits souverains des trois nations, elles conviennent, à partir de ce moment, du principe de réciprocité pour le commandement en chef, dans le cas où ces opérations devraient passer sur le territoire oriental ou sur le territoire brésilien.

ART. 4.

La discipline militaire intérieure et l'administration des troupes alliées ne dépendront que de leurs chefs respectifs.

La solde, les approvisionnements, les munitions de guerre, les armes, les vêtements, l'équipement et les moyens de transport des troupes alliées seront pour le compte des Etats respectifs.

ART. 5.

Les hautes parties contractantes se donneront mutuellement toute l'assistance ou se fourniront tous les éléments dont l'un disposera et dont les autres auront besoin, dans la forme dont on conviendra.

ART. 6.

Les alliés s'engagent à ne point déposer les armes autrement que d'un commun accord, et pas avant d'avoir renversé le gouvernement actuel du Paraguay, et à ne point traiter séparément avec l'ennemi, et à ne signer aucun traité de paix, trève, armistice ou convention quelconque pour mettre fin à la guerre ou pour l'interrompre, excepté de l'aveu entier de tous.

ART. 7.

La guerre n'étant pas dirigée contre le peuple du Paraguay, mais contre son gouvernement, les alliés pourront admettre dans une légion paraguayenne tous les citoyens de cette nation qui voudront concourir à renverser ledit gouvernement, et ils leur fourniront tous les éléments dont ils auront besoin, dans la forme et sous les conditions qui seront convenues.

ART. 8.

Les alliés s'obligent à respecter l'indépendance, la souveraineté et l'intégrité territoriale de la république du Paraguay. Par conséquent, le peuple du Paraguay pourra choisir son gouvernement et se donner les institutions qui lui conviendront, sans être incorporé, ni placé sous le protectorat d'aucun des alliés en conséquence de la guerre.

ART. 9.

L'indépendance, la souveraineté et l'intégrité territoriale de la république du Paraguay sera garantie collectivement, conformément à l'article qui précède, par les hautes parties contractantes, pendant une période de cinq années.

ART. 10.

Il est convenu entre les hautes parties contractantes que les exemptions, priviléges ou concessions qu'elles pourront obtenir du gouvernement du Paraguay seront communs à toutes, gratuitement s'ils sont gratuits, et moyennant la même indemnité s'ils sont conditionnels.

ART. 11.

Le gouvernement actuel du Paraguay une fois renversé, les alliés procéderont à l'établissement, avec l'autorité constituée, des arrangements nécessaires pour assurer la libre navigation des rivières Parana et Paraguay, de telle façon que les lois et règlements de ladite république n'entravent pas, n'empêchent pas et ne changent pas le transit et la navigation des navires marchands et des vaisseaux de guerre des Etats alliés se rendant dans leurs territoires respectifs ou à destination de territoires n'appartenant pas au Paraguay; et elles prendront des garanties convenables pour l'efficacité de ces arrangements, sur ce principe que les règlements de la police fluviale, soit pour ces deux rivières, soit pour la rivière d'Uruguay, devront être faits d'un commun accord entre les alliés et les autres Etats limitrophes qui, dans le terme que leur fixeront les alliés, auront accepté l'invitation qui leur en sera faite.

ART. 12.

Les alliés se réservent de prendre, de concert, les mesures les plus propres à garantir la paix avec la république du Paraguay après le renversement du gouvernement actuel.

ART. 13.

Les alliés nommeront en temps opportun les plénipotentiaires nécessaires pour conclure les arrangements, conventions ou traités qui pourront être faits avec le gouvernement qui sera établi au Paraguay.

ART. 14.

Les alliés exigeront de ce gouvernement le payement des frais de la guerre qu'ils se sont vus dans l'obligation d'accepter, ainsi que des réparations et indemnités des dommages et maux causés à leurs propriétés publiques et particulières, et aux personnes de leurs citoyens, sans une déclaration de guerre expresse, et pour les dommages causés subséquemment en violation des principes qui régissent le droit de guerre.

Le gouvernement de la république orientale de l'Uruguay exigera également une indemnité proportionnée aux dommages et aux torts qui lui ont été causés par le gouvernement du Paraguay, par la guerre dans laquelle il a été contraint d'entrer pour la défense de sa sécurité menacée par ce dernier gouvernement.

ART. 15.

Dans une convention spéciale, il sera déterminé la manière et la forme de liquider et de payer la dette provenant des causes susdites.

Art. 16.

Pour éviter toutes les guerres et discussions qu'entraînent les questions de frontière, il est établi que les alliés exigeront du gouvernement du Paraguay de conclure des traités définitifs de frontières avec leurs gouvernements respectifs sur les bases suivantes :

La république Argentine sera séparée de la république du Paraguay par les rivières Parana et Paraguay jusqu'à leur rencontre avec les frontières de l'empire du Brésil, qui sont à Bahia Negra, sur la rive droite de la rivière Paraguay.

L'empire du Brésil sera séparé de la république du Paraguay, du côté du Parana, par la première rivière se trouvant au-dessous du Salto de las Siete Cahidas qui, d'après la dernière carte de Manchez, est l'Igurey ; et ensuite par le cours de l'Igurey depuis son embouchure, en remontant jusqu'à sa source.

Du côté de la rive gauche du Parana, par la rivière Appa, depuis son embouchure jusqu'à sa source.

Dans l'intérieur, la crête des montagnes de Maracayir, les courants à l'est appartenant au Brésil et ceux à l'ouest au Paraguay, et en tirant des lignes aussi droites que possible desdites montagnes aux sources de l'Appa et de l'Igurey.

Art. 17.

Les alliés se garantissent réciproquement l'un à l'autre le fidèle accomplissement des conventions, arrangements et traités qui seront conclus avec le gouvernement qui sera établi au Paraguay en conséquence de ce qui est convenu par le présent traité d'alliance, qui restera toujours en force et vigueur, afin que ces stipulations soient respectées et exécutées par la république du Paraguay.

Pour arriver à ce résultat, ils conviennent que, dans le cas où une des hautes parties contractantes ne pourrait pas obtenir du gouvernement du Paraguay l'accomplissement de ce qui est convenu, ou bien où ce gouvernement tenterait d'annuler les stipulations conclues avec les alliés, les autres emploieront activement leurs efforts pour les faire respecter.

Si ces efforts sont sans succès, les alliés concourront de tout leur pouvoir, afin de rendre effectif l'exécution de ce qui est stipulé.

Art. 18.

Ce traité sera tenu secret jusqu'à ce que le but principal de l'alliance ait été atteint.

Art. 19.

Celles des stipulations du présent traité qui n'exigent pas l'autorisation législative pour leur ratification, commenceront à prendre leur effet aussitôt qu'elles seront approuvées par les gouvernements respectifs, et les autres à partir de l'échange des ratifications qui aura lieu, dans le terme de quarante jours de la date dudit traité, ou plus tôt, si c'est possible, dans la ville de Buenos-Ayres.

(*Suivent les signatures des plénipotentiaires des trois puissances alliées.*)

Paris. — Imprimerie CH. SCHILLER. Faubourg-Montmartre, 10.